だれでもわかる ゆる仏教入門

松﨑智海 著

ナツメ社

はじめに

このたびは、本を手に取っていただき、誠にありがとうございます。

私は北九州市にある浄土真宗本願寺派・永明寺（えいみょうじ）というお寺の住職です。お坊さんなので、いつもお寺にいます。

さて、あなたはお寺についてどのような印象をおもちでしょうか。

「お寺は敷居が高い？」

「敷居が高い」という慣用句は、「ご無沙汰をしていて今さら行くのは何だかはばかられる」という意味の言葉です。しかし、観光地のお寺以外はあまり行くこともなく「ご無沙汰」すらしていないのではないでしょうか。

私が幼かった頃のお寺というと、法要（お寺の行事）のときには、阿弥陀如来様のいる本堂に、ひしめくほどの人がザワザワし、バタバタしていました。若い方にはわからない表現かもしれませんが「ドリフの笑い声」がそこかしこに聞かれました。

ところが、今はしんみりした雰囲気です。落ち着いていて、悪くはありませんが、参拝は昔なじみの方ばかり。若い人の顔を見ることが、まったくといっていいほどありません。

そんな状況に不安を感じ「もっとお寺のことを知ってもらわなくては！」と思ってツイッターを始めたのが２０１６年のこと。松﨑智海(非売品僧侶)@matsuzakichikaiと名乗り、できるだけ注目してもらえるように、おもしろい！　と思う日常の話題とともに、〝普段使いの仏教〟を知ってもらおうと発信してきました。おかげさまで、２万５０００人を超える方にフォローしていただいています。

じつは私、住職になる以前には教師をしていました。教えていたのは「仏教」です。宗門校と呼ばれる宗教を理念とする私立学校では、他の授業と同じように宗教の授業が行われます。

私はふたつの学校で教鞭をとりましたが、この2校はまったく性格の異なる学校でした。やんちゃで元気な子たちが集まる学校と、のんびり穏やかな二番手進学校。通っている生徒たちの雰囲気も真逆でした。

ところが、彼らとつき合ってみると、抱えている悩みは同じでした。自分がどう生きるべきか。生きている意義とは何か。漠然と抱える不安に怯え、何とかしようと苦しみもがきながら生きている。

私が若い頃に経験した苦悩と、何ら変わらないものを、彼らも抱えていました。

仏教の授業は、いわばそんな悩みや苦しみについて考える時間でした。素直に耳を傾ける彼らの姿から、私は、年代を問わず、時代を問わず、仏教が心の支えとなりうることを学びました。

だから私は自信をもって仏教をお勧めします。仏教は、必ずあなたの生きる指針になります。

人生は、旅にたとえられます。私たちは、今この瞬間、初めての土地を旅しているのだと考えてみてください。

あなたは、初めての場所を旅行するとき、何を持っていきますか？　お金、着替え、歯ブラシ……？　せっかくの旅です。現地でどう過ごそうか、と考えたら、ガイドブックは欠かせませんね。その土地の地図、カルチャー、美食の店など、初めて訪れた人が迷わないための情報が満載です。

私は、仏教は、お釈迦様がのこしてくれた「仏に成るための道を記した人生のガイドブック」だと思っています。たしかに2500年もの昔に誕生した教えですから、現代人には古かったり、わかりづらかったりする情報もあります。でも、自分の人生がつまらないなと思ったり、どうしたらいいか迷ったり、苦しくて立ち止まったりしたときに、仏教に触れると、何かしらの答えが得られます。私たちは、その答えに背中を押され、再び顔を上げて足を踏み出すことができるのです。

そう、仏教とは、生きている私たちが、楽しみながら人生を歩んでいくためのものです。あなたも仏教を頼りに、自分だけの旅を進めていきませんか。これから私と一緒に、お釈迦様のガイドブックをめくっていきましょう。

ちなみに私も、あなたと同様に現在初めての旅の途中。サポートはしますが、あんまりあてにしすぎちゃだめですよ（笑）。

それでは、はじまりはじまり〜。

浄土真宗本願寺派・永明寺住職
松崎智海

だれでもわかる　ゆる仏教入門　目次

PART 2
現代の「苦」を仏教で解決
四苦八苦辻説法 65

PART 3
宗派別お坊さんインタビュー
伝統宗派の教えと特色

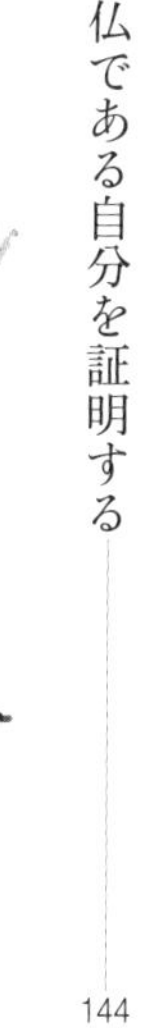

PART 4

PART 1

お釈迦様の一生で知る
仏教の基礎知識

仏教とは、悟りを開いて
仏に成ったお釈迦様の教え。
約2500年前、インド北部の小国に
王子として生まれたお釈迦様が、
悩み苦しみ歩んで
仏と成った破天荒な人生に
教えの真髄が詰まっています。

釈迦物語の読み方

本当に実在したの？21世紀によみがえるお釈迦様

実在する小さな部族の王子だった

これからお釈迦様の一代記をお話ししていきますが、その前に、まずこの壮大な物語を知るうえでの心構えとして、それがどのように生まれ広がっていったかを考える必要があります。

仏教誕生は約２５００年も昔。キリスト教誕生は約２０００年前、イスラム教は約１５００年前ですから、さらに古い時代の話です。日本は縄文から弥生時代の頃。倭国の王・卑弥呼が謎に包まれているように、お釈迦様の話は、後世の創作と思われるものが多々あります。

この章でお釈迦様の人物像を
しっかり描けるようになってください。
頭のなかのお釈迦様が、
あなたの今の悩みに
答えてくれるようになりますよ。

でも、大切なのは史実より、エピソードに隠された仏教的意味です。たとえば生まれてすぐ7歩歩き「天上天下唯我独尊（てんじょうてんげゆいがどくそん）」と言った、という有名な誕生のエピソード。**この歩数に、仏教的意味が込められています（↓20ページ）。ここを踏まえてエピソードを理解しないと、お釈迦様の生涯はおとぎ話にすぎなくなり、教えの真髄にはたどり着けません。**

お釈迦様は、現在のインド〜ネパールで生まれました。お釈迦様以前の時代、インドの西北よりアーリア人と呼ばれる民族がインド内部に流入してきます。当時のインドやネパールは新しい大地であるとともに混乱の土地でもありました。大小の民族がともに栄枯盛衰をくり返しながら覇権を争う。古い慣例に縛られた宗教や考え方が衰退し、新しい思想が生まれる。そんな混迷の時代に、小さな部族の王子としてお釈迦様が誕生されたということも、仏教を理解するうえで重要なポイントです。

仏教は「壮大な同人誌制作」で広まった

では、お釈迦様の教えはどのように現代に伝わってきたのでしょう。

お釈迦様は死後どんどん神格化（いや仏格化！）されます。でも、王子**としての地位や財産を投げ捨て出家し、仏教を開いたその生涯を見ていくと、お釈迦様もまたひとりの生身の人間として「悩まれたのだろうなぁ」と思わずにはいられません。**人間らしさに魅力を感じ、だからこそお釈迦様の言葉に多くの人々が救われるのです。

現代の仏教徒（ぶっきょうと）*の悲劇は、この世でお釈迦様に直接、話を聞けないことです。「ツイッターで誹謗中傷を受けた」という悩みは仏典には載っていません。でも、そのときの人の苦しみは、古今東西通じるものがあります。そこで仏教徒は「お釈迦様ならどうする?」と考えるのです。

人間の根源的な悩みを解決し、どのように生きるのが素晴らしいか。「お釈迦様だったらどうする?」と考える作業を2500年ものあいだ、たくさんの仏教徒が行ってきました。

この一連の作業、「同人誌*」制作に似ていると思いませんか?

私は、お釈迦様没後の仏教とは「**あまりにも原作が素晴らしいため続編を熱望されるも、公式（原作者）からの供給が止まってしまっている**

＊**仏教徒**
仏教の信者、仏教の修行をしている人。

＊**同人誌**
同好の士が集まってつくる冊子。現在ではアニメや漫画、小説などの原作を「公式」とする、二次創作物が主流。ネット、コミケで販売。

ため、やむなく始まった同人活動によって多数の天才作家さんが誕生し、人々を幸せにしている」ようなものだと思っています。

宗派の開祖は二次創作の天才作家

ここでの原作とはお釈迦様の教え。もちろん原作者はお釈迦様。しかし、作者死亡のため、これ以上の作品が世に出てくることはありません。みんなしばらくは原作で満足していましたが、時代が移り、国を越えて教えが広まるにつれ、原作の熱狂的なファンのなかから、原作者の真意を探ろうとする強者（つわもの）が現れます。原作者の言葉を研究し比較し、新しいストーリーを展開していく。それはあくまで原作者の意図に従ったものでなければなりません。原作の言葉一言ひとことに細心の注意を払い、ときにはたった一語から膨大な物語を始めます。

そんな**二次創作の天才作家さんともいえる存在が、各宗派の開祖（かいそ）*などの先達（せんだつ）の高僧（こうそう）*たちだと思うのです。**

そして彼らは原作の世界観と思想を忠実に再現しながら、独自の解釈

＊**開祖**
教義や歴史的プロセスによって分かれた派閥（宗派）を始めた人。祖師とも。

＊**高僧**
修行を積んだ徳の高いお坊さん。

を加え、多くのファンを獲得しています。**ファンが檀家さんや門徒さん。同人誌頒布の管理やイベントの運営をしているトップファンがお坊さん。**そんな感じだと思うのです。

ユーチューブに釈迦チャンネルがあったら？

「じゃあ今の仏教って直接お釈迦様が説いた教えではないんだ。価値あるの？」と、現代仏教に批判的な人もいます。原作は大事ですが、原作だけに価値を置くのはもったいないことです。現代にお釈迦様が存在したら、私たちをどんなふうに見るだろう。お釈迦様がツイッターをしたら？ユーチューブに釈迦チャンネルがあったら？

これからお話しするお釈迦様のエピソードを通じて、仏教的意味に触れたら、ぜひ想像をしてみてください。**お釈迦様の存在を、自分がいる世界に引き寄せて、イメージしてみましょう。**

頭のなかで、きっとお釈迦様が何か問いかけ始めるでしょう。それがみなさんにとっての、仏教の入り口になるはずです。

＊**檀家さんや門徒さん**
檀家は仏教を信じ、一寺院に所属し仏事を営み、経済的に寺を支える信者。ほかに信徒、門徒（浄土真宗）とも。

地図で見るお釈迦様の道のり

約2500年前の
インド～ネパール周辺

ネパール
インド
ヒマラヤ山脈
カピラ城
ルンビニー
シャーキャ国
コーサラ国
ガンジス川
クシナガラ
サールナート
ガヤー
（ブッダガヤ）
マガダ国

1

生誕～青年期

約2500年前だといわれるが、詳細不明。大国コーサラとマガダに挟まれたシャーキャ国の王子。青年期まで城で過ごす。

4

入滅（にゅうめつ）

80歳のときに、旅先のクシナガラにて亡くなる（入滅）。その後、弟子たちによって教えが伝わり、現在の仏教に至る。

3

仏教の成立

サールナートにて、苦行仲間5人に初めて仏教を説く。5人はお釈迦様の弟子となり、ここに仏教が誕生、成立する。

2

出家～成道（じょうどう）

29歳で修行者になる。瞑想や肉体を酷使する苦行を経て、35歳でガヤーの大樹の下で悟りを開く（成道）。

お釈迦様誕生

なぜ6歩ではなく7歩歩き、「私は偉い」と言ったのか

釈迦族の出身だから「お釈迦様」

お釈迦様は、コーサラとマガダという大国に挟まれた小国シャーキヤ*国の、シュッドーダナ王とマーヤー夫人(ぶにん)のあいだに誕生した王子です。当時のインドは戦国時代。16の国々が覇権争いを続けていました。

お釈迦様という呼び方はこのシャーキヤに「釈迦」という漢字を当てた音写(おんしゃ)*です。「お釈迦様、お釈迦様」と呼ぶのは「東京様」とか「福岡様」みたいに出身地名を連呼していることになります。

この本ではなじみ深いお釈迦様という名称を使いますが、**正式には尊**

＊**シャーキヤ国**
現代のインド～ネパールに位置する。大国コーサラ国が所属する半自治の小国（部族のようなもの）。お釈迦様の晩年、コーサラ国に滅ぼされる。

敬の意味を込めた「釈迦牟尼世尊」（釈迦族出身の聖者）、またはこれを略して「釈尊」という呼び方をします。

お釈迦様は屋外出産で右脇から生まれた

シャーキヤ国には立派なカピラ城という城がありましたが、お釈迦様が生まれたのはルンビニーという庭園でした。マーヤー夫人は屋外出産をしたのです。夫人は隣国のコーリ国から嫁ぎ、出産のために里帰りをしていました。当時も〝里帰り出産〟があったのですね。夫人は母国への途上、ルンビニーで産気づいたのです。

ルンビニーにはアソーカ*の花が咲いていました。夫人はその美しさに、花を触ろうとします。花のほうから夫人に近寄ってきた、と伝えられ、映画『E・T』の例のシーンのようです。夫人の手が花に触れた瞬間、なんと右脇からお釈迦様が誕生……と、あり得ないことが起こります。

さらに**お釈迦様はすぐに7歩歩き、7歩目で立ち止まり、右手を天、左手で地を指し「天上天下唯我独尊」と宣言した、というのです。**

＊音写
お経が中国に渡った際、固有名詞にはその音から、漢字を当てた。

＊アソーカの花
マメ科で、別名無憂樹。黄〜赤橙色の房状の花がつく。

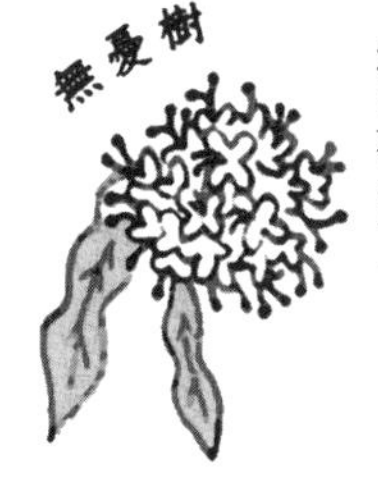

この素晴らしい宣言を聞いた天の龍王が、聖者の誕生に感動し、甘露（かんろ）*の雨を降らせたそうです。すごいなぁ、お釈迦様。

7歩で迷いのない世界に行ける

これがお釈迦様誕生の流れです。「んなわけあるかい」と突っ込みたくなりますが、恐らく後世の創作が入っているのでしょう。しかし、つくり話だからといって価値がないわけではありません。誕生物語の意図を受けとることが大切です。

「7歩歩く」というところですが、なぜ6歩ではダメなのか。「生まれてすぐ歩く」話でお釈迦様の特異性を表現したいのなら、「生まれてすぐ100mを9秒台で走った」ほうがびっくりさせることができます。

じつは7歩には「六道（ろくどう）*を超える」という意味が含まれていると考えられています。仏教以前からインドにあった宗教（バラモン教）の影響で、人々は「生まれ変わり（輪廻転生（りんねてんしょう））」を信じています。人は亡くなると6つ（六道）の世界に生まれ変わります。生まれ変わり自体が迷いの象

＊**甘露**
インド神話では神々が争って求めたという不死の力を与えられる飲み物のこと。

＊**六道**
人間が輪廻転生する6つの世界。その原因は人間の煩悩である三毒（貪・とん＝むさぼり、瞋・じん＝怒り、痴・ち＝おろかさ）。

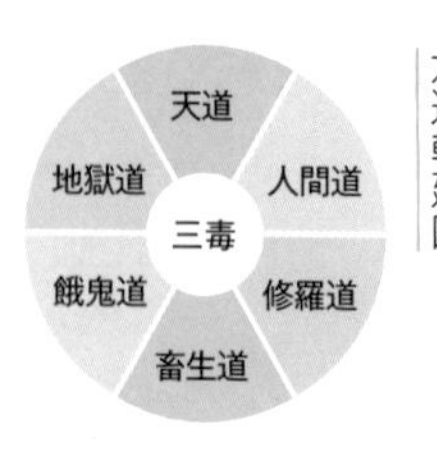

六道輪廻図

徴で、六道はいずれも苦しみがある世界です。私たちは迷いながら6つの世界を、何度も生まれ変わる「輪廻」をくり返します。

輪廻は「迷いの輪」のことです。輪から脱出した状態を「解脱（げだつ）」といいます。お釈迦様誕生は、迷いがない状態を「7歩」で表しています。

1〜6歩目までは迷いの六道を表し、7歩目で六道を超える。この聖者は、これからそんな歩みで生きていくのだというわけです。

本当は「みんな尊い！」宣言だった

次に、有名な「天上天下唯我独尊」。そのまま解釈すると「天にも地にも我ひとり尊し」。自分がいちばん偉いという意味。漢字羅列がカッコイイと思っている特攻服好きなバイク乗りが大喜びしそうですね。

しかし、お釈迦様がこんなことを言うでしょうか？　まず宣言の姿ですが、天を指す右手は、「自分自身が高みに至る存在だ」ということを表しています。

一方の左手は地を指します。これは「迷えるすべての人々」を指して

▶**天道（てんどう）**
天人の世界。死の苦しみがある。

▶**人間道（にんげんどう）**
人間が住む世界。苦しみがあるが、唯一仏教に出会える。

▶**修羅道（しゅらどう）**
猜疑心や怒りで争い続ける世界。

▶**畜生道（ちくしょうどう）**
牛馬の畜生、弱肉強食の世界。

▶**餓鬼道（がきどう）**
飢えと渇きに苦しむ世界。

▶**地獄道（じごくどう）**
最下層に位置するもっとも苦しい世界。

います。高みに至るのは自分自身だけでなくすべての人々も一緒だということなのです。仏教には「自利・利他」という言葉があります。この姿はまさにそれ。「自分だけではなくみんなも一緒に高みに至るぞ」ということなのです。もし自分だけが偉いという意味なら、お釈迦様は両手で天を指し、地を指すことはないでしょう。

次に天上天下唯我独尊の意味です。「天にも地にも」はこの世のすべて。仏教では単独で存在するものはないと説きますから、「我」は複数形で「我々」、「ひとり」は「ひとりひとり」。これでつなげてみると、「この世界のすべてのものは唯一であり、我々ひとりひとりが尊い」どうです? 素敵な言葉でしょう。たった8文字で命の平等性を表しています。

名前は「大きな牛」だった

さて、屋外での出産を終えたマーヤー夫人一行は城に引き返します。生まれた子は「ガウタマ・シッダールタ」と名づけられました。ガウタ

豆知識

史実を伝えた王

お釈迦様の史実を考える基準がアショーカ王です。インド亜大陸を統一しかけた偉大な王で、在位は紀元前268～232年。史学的には王の没年数を算出することで、お釈迦様の生年を類推します。

この王は最終的に仏教を保護し、仏教ゆかりの地にアショカピラーという石柱を建て、お釈迦様の偉業をたたえました。

誕生地である「ルンビニー庭」が特定できたのもアショーカ王の功績なのです。

マとは「大きな牛」*という意味です。インドでは牛は神聖な生き物なので、大きな牛とはめでたい名前なのです。**「シッダールタ」というのは〝目的を達成したもの〟という意味で、生まれながらにして目的を達成しているという意味です。**

王子誕生の知らせを聞いて駆けつけたのがアシタ仙人でした。この仙人は未来を見ることができるという特殊能力がありました。

さっそく父シュッドーダナ王はわが子の将来を尋ねます。

赤ん坊の顔を見たアシタ仙人は急に号泣。それを見て驚く王に、こう話し始めました。

「私は、王子に悪いことがあるから泣いているのではありません。王子は城にいれば武力を用いずして徳によって国々を征服する転輪聖王（理想の君主像）となるでしょう。一方、**城を出たならば、すべての人々を救う素晴らしい存在となるでしょう**」

年老いて死期が近いアシタ仙人は、王子が成長した姿を見ることができないと悲しみ泣いたのです。

＊**大きな牛**　インドでは、人の歌を褒めるときに「あなたの歌声は牛のようだ」と言うそう。

次世代の王としてのプレッシャーがかかる

この予言は、当時のインドの人々が求める「王の姿」を表しています。当時は戦国の世。人々は戦争のない平和な国で素晴らしい君主のもと生活をしたい。また不安な人生を救ってもらいたかったのでしょう。次代の王として誕生したシッダールタには期待がかかります。王子様もラクではありませんね。

多くの日本のお寺は、世襲制で代替わりをしていきます。跡継ぎは、期待をかけられると同時に、プレッシャーを受けます。アシタ仙人の予言を聞くと、そんな期待に反発した青い思い出がよみがえり、シッダールタ王子も大変だったろうなと共感してしまいます。

実際、シッダールタ本人が予言をどのように受け止めたかはわかりません。でも、父王シュッドーダナの心には刺さりました。素晴らしい子に恵まれた喜びと裏腹に、この才能が自分のもとから羽ばたいて遠くに行ってしまうのではないか、という不安を与えることになりました。

お釈迦様の誕生伝説

入胎（にったい）
6本の牙をもつ白象に乗って、自らがマーヤー夫人を選び、右から胎内に入っていった。
降誕（ごうたん）
夫人がルンビニーに咲くアソーカに右手をかけると、お釈迦様は右脇から生まれた。
自分自身が高みに至る存在である。
自分以外の人々も高みに至る存在である。
地獄道
餓鬼道
畜生道
修羅道
人間道
天道
解脱
天上天下唯我独尊
この世界のすべてのものは唯一であり、我々ひとりひとりが尊いということを示している。
1～6歩が六道輪廻、7歩目が解脱を表す。

苦悩の青年期

ナイーブすぎる20代。社会の矛盾に出家を決意する

生後1週間目に実母が急死！　叔母が継母に

残念なことに、シッダールタの生みの親であるマーヤー夫人は出産後1週間で亡くなります。旅の途中での出産が負担になったのでしょう。私が高校教師時代、生徒にこの話をしたら「失血死でしょ。だって右脇から赤ちゃん産んでるんだから」と言っていました。ごもっともです。

夫人の死後は、マハー・プラジャーパティー*という夫人の妹が王妃になります。シャーキヤ国はコーリ国から妃を迎える、という風習があったのでしょう。継母でしたが、マハー・プラジャーパティーはシッダー

＊**マハー・プラジャーパティー**
シッダールタの継母。のちに信者になる。

ルタを実子のごとく育てました。

妻をめぐって弓の大会で優勝

シッダールタは頭脳明晰、運動神経抜群な青年に育ちます。**学校では、バラモン教の教典などを学びました。**一を聞けば十を知り、十を聞けば百を知る。教師が舌を巻くほどの理解力。優秀な成績を修めていたそうです。

運動神経も抜群。とくに相撲は敵なしだったとか。弓術も得意。シッダールタは20歳頃にヤショーダラー*という女性と結婚するのですが、そこでも弓術の腕前が発揮されます。

ヤショーダラーは器量よしで、彼女に恋した男どもが、武芸大会で彼女の恋人の座を競い合ったそうです。シッダールタも参戦し、大弓の技で優勝。麗しの君のハートを射抜きました。

ちなみに妃はヤショーダラーだけではありません。ほかにふたりも妃がいました。じつにリア充な日々を送っていたのです。

＊**ヤショーダラー**
シッダールタの妻でラーフラ（子）の母。のちに信者になる。

しかし別の仏典では、シッダールタは体が小さく弱かったという説もあります。胃腸系が弱かったのか。食後はすぐに横になり休みました。後述しますが、お釈迦様の亡くなった原因はおなかの病気でした。

センシティブなシッダールタ、弱肉強食に考え込む

シッダールタは、さまざまな疑問を抱いては深く思い悩み、若くして瞑想のようなことを行っていたのではないかと考えられています。

こんなお話がのこっています。ある年の農耕祭*に、王族として初めて出席したシッダールタは、汗水を流しながら畑を耕す人々を目にします。これまでそんな苦労をしたことがないボンボンのシッダールタには衝撃的でした。**畑を耕す人々と、それを涼しげにただ眺めるだけの、自分を含めた王族たちの姿。生まれが違うだけで生じる苦しみが、シッダールタの心に影を落とします。**

そんなとき、掘り起こされた地面から這い出てきた虫を、一羽の小鳥がついばみ、飛び立ちます。

＊**農耕祭**
シャーキヤ族は農耕民族。一族を挙げ、年一回農作業を始めるためのお祭り。

次の瞬間です。虫をくわえた小鳥を、今度は大きな猛禽類が襲い、去っていったのです。今なら動画でSNSに投稿すれば、確実にバズる内容！　なんて考えてしまいます。凡夫（ぼんぶ）*ですねぇ。

しかし、シッダールタは違いました。命が命を奪う。**弱肉強食の光景を目の当たりにして、深く考え込みます。**感受性が強かったのでしょうね。そのまま初めての瞑想を行ったそうです。

「あなたもいずれそうなります」で出家を決意

成績優秀だけど少し病弱で思索好き。何でも深く考え込むまじめな性格。小さな命に温かいまなざしを送り、それでいてひとたび武器を取ると最強。彼女は3人。いつもハイブランドといい香りに包まれ、おつきの人を従え、宮殿を闊歩する王子様……うーん、漫画の主人公でも、もう少しキャラ設定を遠慮しますよね。

一般庶民から見ればリア充のなかのリア充なシッダールタですが、心はいつも満たされません。

＊**凡夫**
煩悩まみれの凡人。

そんな**シッダールタの人生を決定づける出来事が起こります。「四門（しもん）出遊（しゅつゆう）」というお話です。**思いにふけるシッダールタを心配したのか、ある日、父王シュッドーダナは城の外に出かけることを勧めます。カピラ城には東西南北4つの門がありました。東の門から外出したシッダールタ一行は、老人を見かけます。ひげは白く、歯は抜け落ち、腰は曲がり、力なくやせ細っていました。

シッダールタは「あれは何だ?」と従者に聞きます。

「**老人です。人はみんないつかああなります。もちろん王子もです**」

と従者が答えます。シッダールタはショックを受け、外出をとりやめ、そのまま城に引き返してしまいます。

東の門から外出できなかった一行は、別の日に南の門から出ます。すると南の門には苦しみあえいでいる病人がいました。シッダールタに問われた従者が

「あれは病人です。王子もいずれそうなります」

と答えます。シッダールタは気落ちし、城に引き返してしまいます。

小国とはいえ、
王子です。
暮らしぶりは贅沢でした。

衣服

絹の名品をまとう

衣服はカーシー産の絹織物。カーシーとは、現在のヴァーラーナシーのことで、絹織物の名産地です。そこでつくられた最高級の衣類を身につけていたそうです。

東も南もだめなら次は西です。しかし今度は、死者を運ぶ葬列を目にします。

「王子、あなたもいつか死にます」

シッダールタはまたもや引き返してしまいます。のこされたのは北の門だけです。北の門から出たシッダールタは、そこで沙門（しゃもん）に出会います。沙門とは家を出て道を求める修行者です。**その気高い姿に感動し、家を出る、つまり出家する決意をします。**

わが子が邪魔で、名を「妨げ」とつけた？

四門出遊は、シッダールタの苦悩を表すとともに、仏教が扱うメインテーマを表したお話です。**おおよそ人が望む、富や名声、権力、家庭を手にしながらも、シッダールタの心が満たされなかったのは、人の「老・病・死」の根本的な問題を解決できなかったからです。**

シッダールタ青年が求めていたのは、人間の根源から生まれる苦悩の解決でした。皮肉なことに父王シュッドーダナが、息子を留めようとし

住まい

3つの宮殿を所持

シッダールタ用に、夏、冬、雨季のそれぞれで過ごしやすく設計された3つの宮殿（三時殿）が与えられていました。

暮らし

連日晩餐会

周囲にはいいにおいのお香が焚かれ、おつきが頭上に日傘を掲げていたそう。毎晩のように宴が行われ、多くの女性をはべらせているレリーフがのこっています。

て与えた満たされた生活が、シッダールタを出家に導いたのです。

シッダールタはすべてを捨てて家を出るという大きな人生の転機を迎えることになります。

ところが出家の決意を揺るがすことが起こります。息子ラーフラ（↓59ページ）の誕生です。シッダールタに子どもがいたことはたしかで、誕生したわが子を見て「ラーフが生まれた」と言ったと仏典にのこされています。

「ラーフ」とは〝障害〟や〝妨げ〟という意味です。このときすでに出家を決意していたシッダールタにとって、決意を揺るがす妨げができたということを意味しています。そのため、生まれた子は「ラーフラ」と名づけられました。それにしてもわが子を邪魔者扱いし、ましてやそこから名前をつけるなんて、今なら大炎上事案です。

ただ、このラーフには別の意味[*]もあったのではないかという説があります。強い決意が揺らぐくらいわが子に愛を感じたということかもしれません。その真意は、私にはわかりません。

＊**別の意味**
ラーフは日食・月食を起こす魔人の意味も。ラーフラの生誕日に月食があったという説もある。

出家を決めた四門出遊

老人
東門
あなたもいつか
ああなりますよ
えっ…
病人
南門
あなたもいつか
ああなりますよ
えーっ
死者
西門
あなたもいつか
ああなりますよ
うわあ〜っ
修行者
北門
カッコイイ〜
こうなりたいっ

修行から悟りへ

瞑想、苦行、全部挑戦。師匠をもたずひとりで悟る

今しかない！　城も家族も捨てて出家を決行

シッダールタ29歳。ついに決行のときが訪れます。

連日の宴が続くある日の夜中。城の者が寝静まった頃、従者のチャンダカを連れ、愛馬カンタカにまたがり、こっそりと城を抜け出します。一行は東に進路をとり、アノーマー川のほとりまでやってきました。

シッダールタは馬を降り、自ら髪を切り落とし、身につけていた装飾品を外し、チャンダカに預けます。そして目的を達成するまで、城には戻らないと告げ、チャンダカとカンタカを城に帰すのです。

＊**従者チャンダカ　愛馬カンタカ**
カンタカもチャンダカもシッダールタと同日に生まれている。馬の寿命は25～30歳。カンタカは、かなりの老馬だったことになる。

装飾品を持ち帰ったチャンダカを見て、城の人々は悲しみに暮れます。愛馬カンタカは城に戻るなり死んでしまったとか。カンタカにとっては最後の大仕事でした。ちなみに私は昔乗っていたバイクを「カンタカ」と名づけていましたが、寿命を全うせず盗まれました。クソッ！

シッダールタはマガダ国*の首都ラージャグリハを目指します。途中自分が着ていた極上の着物を、猟師の粗末な着物と交換し、修行者としての外見を整えたそうです。見た目から入るタイプなのですね。

マガダ国を治めるビンビサーラ王は、ボロは着ていてもただならぬ雰囲気のシッダールタにいち早く気づき、家来に尾行させました。そしてパンダヴァ山にいることを突き止め、その素性を問いただします。

シッダールタがシャーキヤ族の王子だと知るや、修行の中断を勧め、軍事的、財政的支援を申し出ます。**領土拡大を狙っていた新興国の王からすれば、ライバルの王子が向こうから飛び込んできたわけです。**格好のチャンスだと考え、口説こうとしました。

まるで勇者に世界の半分を与えるから配下になれと誘ったドラクエI

* **マガダ国**
マガダ国は、シャーキヤ国の盟主国であるコーサラの敵対国。新興国で、バラモン教の身分制度に縛られない自由な国風をもっていた。

のラスボス、竜王です。ドラクエでは竜王の誘いに乗るとゲームオーバーです。当然、シッダールタはこの申し出を断ります。その決心の固さを知ったビンビサーラ王は、修行が完成し目的を達成したら必ず帰ってきて教えを説くよう約束し、引き返していきました。のちにお釈迦様は、この約束をきちんと果たすのですから、じつに律儀です。

あっという間に師匠超え、独学で苦行に

シッダールタがラージャグリハに来た理由のひとつに、師匠探しがありました。アーラーラ・カーラーマとウッダカ・ラーマプッタというふたりの仙人に師事したといわれています。

ふたりとも有名な仙人でした。まずアーラーラ仙*のもとで精神統一（禅定（ぜんじょう））を習いますが、1週間で仙人と同じ境地を体得してしまいます。次にウッダカ仙のもとに行きますが、アーラーラ仙のときと同じことでした。シッダールタはウッダカ仙のもとも離れます。

最高の先生*だと思っていたふたりを、あっさりと超えてしまったシッ

***アーラーラ仙**
アーラーラ仙はシッダールタに「ともにふたりで教団運営をしよう」ともちかけるが、断られる。

***最高の先生**
ふたりの禅定の教えがダメだったのではない。彼らの禅定は最高到達点の手前で、これを超えたら悟れるレベルのすごさだった。お釈迦様がすごすぎた。

***5人の仲間**
苦行をともにした5人の修行者。この5人は父王が心配して送り込んだ従者だったという説も。

ダールタが選んだ道は「先生がいないなら自分自身で学ぼう」でした。
現在では生涯学習だとかセルフラーニングだとかで、独学は一般化していますし、環境も整っていますが、当時のインドでは、修行は必ず誰かに師事し、その指導のもとで行うことが常識でした。

でも、そこは常識破りのシッダールタ。王位を捨てるだけのことはあります。当時の修行法の常識は大まかに2種類。**禅定（精神統一）と苦行でした。禅定は、先の仙人たちのもとでかなりの境地までたどり着いていました。のこるは苦行の道。ここから6年間を、*5人の仲間とともに苦行に費やします。**

おもな苦行の内容は【心の制御】【呼吸を止める】【断食】【減食】。

しかし、極限の苦行を行うものの、体が弱るばかりで一向に心の平安は得られませんでした。

後年、お釈迦様はこの期間を「何も得ることができない期間だった」と言っています。

6年費やさなくても気づけるだろうと思うでしょうが、**「修行の常識」**

【心の制御】
集中のため、脇から汗が流れ、頭を押さえ、肩をつかれるような感覚になる。

【呼吸を止める】
口と鼻をふさぐ。激しい耳鳴り、頭痛、腹痛に襲われ、炭火のなかに放り込まれるような苦痛を感じる。

【断食】
数か月に及ぶこともあり、死人も出た。

【減食】
1日豆、米、ゴマ1粒から始め、1週間に1粒へ。自分や家畜の糞尿を食べることも。

を打ち破るのはそれほど難しいのです。私は「あのお釈迦様ですら6年もかかったのだ」と思います。

乳がゆに救われ、魔王をやっつけ、悟りへ

苦行で弱りきったシッダールタは、ネーランジャラー河までやってきて、汚れた体を清めます。もう自力で河から上がることもできません。見かねた神々が木の枝を差し伸べたといわれるほどの衰弱状態でした。

木の下で休んでいると、スジャーター*という村娘がやってきます。スジャーターは、シッダールタの気高い姿を樹の神様だと思ったそうです。

そして**滋養のある乳がゆ*をシッダールタに供えます。シッダールタはこのおかげで体力をとり戻し、命を救われたのです。**

ちなみに、めいらくグループのコーヒーフレッシュ「スジャータ」の名はここから来ています。キャッチコピーは「褐色の恋人」。ここでの褐色はコーヒーでしょうが、もし、苦行で日焼けしたシッダールタとそれに寄り添うスジャーターを表しているのであれば、奥深いコピーです。

***スジャーターという村娘**
彼女の徳をたたえ、スジャーターという名前の村がのこされている。

***乳がゆ**
のちにお釈迦様は生涯を振り返り2度大切な食事があったと話している。そのうちのひとつが乳がゆ。もうひとつがチュンダのキノコ料理だ（→54ページ）。

元気になったシッダールタは、ガヤーの地のピッパラ*という大樹の下で瞑想をします。いよいよ奇跡の瞬間。唯一無二の聖者が誕生します。

しかしそれを察知したのが、魔王マーラ*。魔王は聖者誕生を阻もうとシッダールタの邪魔をします。自分の美しい3人の娘に誘惑させたり、悪魔の軍勢をけしかけて脅してみたり。最後は自らが危害を加えようとしますが、失敗。シッダールタは12月8日の明け方悟りを開きました。

マーラは魔王と呼ばれますが、私たちの煩悩、迷いの心の象徴です。欲望や力、命を失うことへの恐れを克服し、悟りを開くに至ったのです。

悟りを開いた存在を「仏陀（ぶっだ）」といいます。真理真実に目覚めた存在という意味。私たちが日ごろ「仏様」と呼ぶのは仏陀を略したものです。

梵天に頼まれちゃ、仕方ない。「釈迦、動きます！」

さて悟りを開かれましたので、ここからはシッダールタという呼び名からお釈迦様という呼び名に変えましょう。

悟りの境地を味わったお釈迦様は「この教えを人々に伝えるかどうか」

＊ガヤーの地のピッパラ
後世、ガヤーはブッダガヤ、ピッパラは菩提樹（菩提＝悟り）と呼ばれるようになる。

＊魔王マーラ
煩悩、すなわち迷いの心そのものを表していると考えられる。

で考えます。仏の悟りは深く難解。きちんと伝わらないかもしれない。誤った受け止め方をし、悪い方向に向かう人もいるかもしれない。ならばこの教えは胸の内に留めておくべきでは？　そんな様子を見ていたのが梵天(ぼんてん)*でした。梵天は、ブラフマーというバラモン教の神様で、ヒンズー教*の最高神です。

梵天は、お釈迦様を見て声をかけます。そして、その素晴らしい教えを人々に伝えるように説得します。口説き文句が素敵です。

「**たしかに世界は泥水のようなものだけど、泥水のなかでも美しい花を咲かせるものだってあるはずだ。そう、蓮の花のようにね**」

ってな具合です。たしかに伝わらないこともあるかもしれないけれど、なかにはきちんと受け止められる人もいる。「釈迦よ、諦めないで！」最高神がわざわざ目の前にやってきて言うのですから、お釈迦様だって黙っているわけにはいきません。

「あなたがそこまで言うのであれば仕方ない。釈迦、動きます！」

ということで、人々に教えを伝える決心をするわけです。

＊梵天
古代インドの神ブラフマーが、仏教にとり入れられた。梵天勧請（ぼんてんかんじょう）と呼ばれるエピソード。

＊ヒンズー教
バラモン教の原理を継承して生まれた宗教。現在の信者数は、キリスト教、イスラム教に続く。

死の誘惑と梵天勧請

マーラの誘惑

一部の仏典では成道後にマーラの誘惑があったという。人生の目的を果たしたし、そのまま死んだら？　という誘惑だった。

7日ごと7回場所を変えながら瞑想を続け、悟りの境地を味わった。

梵天が布教を勧めた

異教の神・梵天が布教を勧めた話は、当時のバラモン教の勢力低下をうかがわせるエピソードでもある。

布教開始

心の医者としてのお釈迦様。相手に合わせて教えを説く

仏・法・僧、三宝がそろって仏教成立

お釈迦様には、苦行をともに行った5人の仲間がいました。お釈迦様は6年で苦行をやめましたが、5人はまだ苦行を続けていました。お釈迦様は彼らに、悟りの内容を伝えようとサールナートへ旅立ちます。

途中でウパカという修行者に出会い、教えを伝えようとしました。ウパカは「あなたの師匠は誰ですか?」と尋ね、お釈迦様が「自ら悟った」と答えると呆れて立ち去ったそうです。

師をもたないということが、いかに非常識だったのかわかるお話です。

＊**堕落者**
苦行をやめたり、乳がゆという高級食を口にしたり、常識破りの行為の数々で堕落者と見なされた。

さて、お釈迦様に再会した5人ですが、彼らにとってお釈迦様は堕落者ですから、最初はお釈迦様を無視していました。しかしその風格に押され、お釈迦様の初めての説法「初転法輪（しょてんぼうりん）」*を受けることになります。

この初転法輪は仏教の成立という意味でも大切な出来事です。

仏教は、3つの宝「三宝（さんぼう）」によって成り立っています。三宝とは、「仏=仏様」「法=仏様の教え」「僧=仏様の教えを信じる人たち」です。仏教において、この3つは大切な宝物なのです。

お釈迦様が悟った時点で「仏・法」がそろっていますが、それを信じる「僧」がいません。初転法輪は、教えを信じる者が生まれ三宝がそろい、仏教が成立した瞬間なのです。

中道はバランスをとることではない

初転法輪でまずお釈迦様が伝えたのは「中道（ちゅうどう）」です。

中道とは、「バランスをとる」という意味ではありません。「一方に偏らない心」を保つことです。 苦行にのめり込んだ5人に対して、それば

＊初転法輪
仏教の教えは「車輪」にたとえられる。どこまでも展開するからとか、古代インドの車輪型の武器に由来するとか。「仏教を伝えること」=「車輪を転がす」という意味で転法輪と呼ばれる。

仏教のマークは車輪型。卍ではないんですよ、マジで！

かりやってもダメだ、と。もちろん苦行以前に行っていた精神統一に夢中になってもダメ。「偏ってはダメだ」と説いたのです。

では悟るにはどうすればいいのか。続いて説いたのが「四諦八正道(したいはっしょうどう)」*です。仏教の根本的な教えで、人生の苦しみから抜け出す道をロジカルに説いた仏教の解答ともいえる内容です。普通のヒーローは小技から始め、最後に大技で決めるものですが、さすがお釈迦様は、いきなり最終奥義のスペシウム光線を放つのです。

でも、光線を見せられただけで、自らが放てるようになるわけではありません。そこから**お釈迦様は、丁寧に相手に合わせて教えていきます。「相手に合わせて教えを説く」方法を対機説法(たいきせっぽう)といいます。**人はそれぞれ能力も置かれてきた環境も違います。同じ言葉を使っても万人が同じように受け止めるわけではありません。

お釈迦様はその人のすべてを見抜き、今その人にもっとも適している教えを差し出します。つまり聞いた人はそれぞれ違う形の教えを受けとっているということです。それによって、教えの多様性が生まれます。

* **四諦八正道**
四諦の諦は真理の意味。八正道は悟りを得るための修行法。

← 4つの真理

❶ 苦諦(くたい)
人生のすべては苦しみである。

❷ 集諦(じったい)
苦しみの原因は煩悩（欲望や執着など）。

同じ仏教なのに、浄土だとか禅だとか、密教だとか、性格の違う教えがたくさんあるのは、そもそもこのお釈迦様の伝達スタイルによるもの。**仏教は、必然的に多様性を認める教えです。お釈迦様は人それぞれの悟り方を認めて、それぞれが仏に成ることを勧めたのです。**

“あなたなりの治り方”を認めるのが仏教

お釈迦様は最初に説いた中道の教えで、極端に偏るなと言いました。極と極のあいだには幅が生まれます。「めちゃくちゃにだらしない生活」を一方だとすれば、その反対は「めちゃくちゃ厳しい生活」です。お釈迦様はそのあいだにいればいいと言っています。

その人、その人に合った仏の道がある。仏道ってひとつではありません。まっすぐのびた効率的な道もよし。曲がりくねった道もよし。なだらかな道だって、歩きにくい道だっていい。それぞれの道があることを認めたのがお釈迦様。仏教はとてつもなく幅が広いのです。

私は、これこそが仏教の魅力だと思っています。ときどき「こうでな

③滅諦（めったい）
煩悩から離れれば苦しみは消滅する。

④道諦（どうたい）
煩悩を滅し、悟りに至るための道がある。

ければならない病」にかかった人がいますよね。「友だちとはこうあるべきだ」「恋人とはこうあるべきだ」「仕事とはこうあるべきだ」。みんな生き苦しそうです。かくいう私もこの病をときどき患います。

こうでなければならない病は、自分では気づきにくいものです。仏教と出会い初めて病に気づくことができる。仏教が昔から医療にたとえられてきたのもそのためでしょう。**患者は私たち、お医者様はお釈迦様。そしてお釈迦様が処方してくれるお薬が仏の教えです。**お釈迦様は腹痛の患者には腹痛の薬を、頭痛の患者には頭痛の薬を出してくれます。「俺はこの薬で治ったから、お前もこれ飲んどけ。これ以外はなし！」とは言わないのです。あなたにはあなたの健康があり、あなたの薬があり、あなたの治り方がある。お釈迦様はそれを認めてくれるのです。

お釈迦様のお説法を受け、5人は次々に悟っていきます。ここでの悟りをどう見るかは意見が分かれるところですが、仏典では悟ったといわれる人は結構出てきます。やはり、お釈迦様に直接導いてもらうということはすごいことなのでしょうね。

← 8つの修行法

①正見（しょうけん）
真実をありのままに見る。

②正思惟（しょうしゆい）
正しい思いに基づき考える。

③正語（しょうご）
嘘や悪口のない言葉を使う。

④正業（しょうごう）
殺さず盗まず、正しい行為。

⑤正命（しょうみょう）
正しい方法で生計を立てる。

⑥正精進（しょうしょうじん）
正しく努力し、生活を維持。

⑦正念（しょうねん）
教えに基づいた生活に励む。

⑧正定（しょうじょう）
正しい瞑想を行う。

釈迦教団の生活様式

お釈迦様の教団では集団生活のルール「律」があった。当時の日常についての記録はのこされていないが、律を見ると、日常生活がイメージできる。

朝がゆ

朝がゆを食べる。ただし「木の葉で字を書けない」ほど、シャバシャバ。薄いかゆだった。

朝の身支度

片づけ、洗面など。歯磨きは口が臭いと相手に法話が伝わらない、という理由で、お釈迦様が習慣づけた。

乞食（托鉢）

所有できるのは寝具の役割も兼ねた3枚の衣とひとつの鉢。この鉢に食べ物を施してもらう。

昼寝

正午までに食事、片づけ、掃除を済ませると昼寝。お釈迦様は胃腸系が弱かったことも関係していたよう。

修行

修行の基本は禅定（瞑想）と法話（授業）。むやみに町に行ってはいけないが、それ以外は自由で、各々の修行を自分のペースで行っていた。

お釈迦様の悟りの内容まとめ

なかでできている！」

因縁生起（縁起）

あらゆるものは単独ではなく、関わり合いのなかで存在し、変化していく。

「すべては苦しみだ！」

一切皆苦

人生もこの世も、あらゆることは思い通りにいかない「苦しみ」である。

苦しみとは、四苦八苦のこと。
PART2で紹介します！

諸行無常

この世のあらゆるものは、絶え間なく変わっていくもので、同じ状態を保つことはない。

諸法無我

この世のあらゆるものは因縁により生じ、永遠に変わらず存在し続けるような実体はない。

「この世は関わり合いの

直接的原因　因⟷縁　間接的原因

「煩悩が消えた
世界こそ悟り！」

涅槃寂静（ねはんじゃくじょう）

煩悩の炎が消えた状態の、静かで平穏な悟りの境地。私たちはそこを目指すべきである。

「苦しみを招くのは
煩悩だ！」

煩悩（ぼんのう）

苦しみは、むさぼり、怒り、真理を見ようとしない無知（三毒）による煩悩から生じる。

「すべては
移り変わっていく！」

「永遠に存在し続ける
実体はない！」

最後の教え

寿命も自由自在だったのに、あえて80歳で死を選んだ？

教えは中州！　消えることのない拠りどころ

さて、お釈迦様の最期のお話をします。最期の様子は*大般涅槃経（だいはつねはんぎょう）というお経に描かれています。たくさん旅をし、教えを説いてきたお釈迦様ですが、80歳になっても500人もの弟子を連れて旅をしていました。

ヴァイシャーリーという土地に訪れたときのことでした。ヴァイシャーリーで*雨安居（うあんご）に入る予定でしたが、ちょうどその頃、周辺は飢饉に見舞われ、乞食（托鉢）ができる状況ではありませんでした。

そこでお釈迦様は各自、友人や知人を頼りバラバラで雨安居に入る異

＊**大般涅槃経**
お釈迦様の死は、大いなる完全な悟りという意味で、大般涅槃と呼ばれる。

＊**雨安居**
雨期にこもって、瞑想などの修行をすること。

例の措置をとります。そんなときにお釈迦様は体調を崩します。激しい痛みが起こり、自らの死を自覚するほどでした。

お釈迦様は「仲間が近くにいないときに私は死ぬべきではない」と瞑想を行い、回復させます（お釈迦様ほどになると、望めばいくらでも寿命をのばせるのです！）。死ぬのは「今ではない」と思ったのでしょうか。

体力をとり戻したお釈迦様に、十大弟子*のひとりアーナンダ（→59ページ）が言いました。

「このままお釈迦様、死ぬんじゃないかと心配しました。でも最後の教えを説かずに死ぬわけはないから、大丈夫かなとは思っていましたが」

最後の教えとは、臨終時の特別な教えのことを指します。他の学派では、死に際に最終奥義を伝えていたようです。お釈迦様は答えます。

「私は隠しごとをしたことはないし、これまで全部話してきた。秘密の奥義などないよ」

そしてこう続けました。

「私の体はもうボロボロで、古い車のようにようやく動いているような

＊ **十大弟子**
お釈迦様の弟子のなかで中心的な存在だった10人。

52ページから紹介します！

状態だ。**私が死んだあとは、自らを島とし、自らを依りどころとしなさい。法を島とし、法を拠りどころとしなさい。**他を島とせず、他を拠りどころとしないで生きなさい」

　これが**お釈迦様の遺言ともいわれる「自灯明（じとうみょう）・法灯明（ほうとうみょう）」という教えです。**昔は、灯明をそのまま「灯り」と訳していましたが、現在はより本来の意味に近い「島」と訳されています。島というのは中州、川が増水しても消えることのない場所のことです。人生の不安や迷いの心に流されることのないものを拠りどころとして生きなさい。**近々死を迎えるのであろう「私（お釈迦様）」ではなく、「私が伝えてきたもの」と「それを聞いてきた己」を拠りどころとしなさいということです。**

　ここでも、仏教が教えを聞くそれぞれの人の受け止め方を認めてきた寛容性が見てとれます。

　不安に満ちたアーナンダへの言葉ですが、私たち全仏教徒に「大丈夫だよ」と語りかけてくれているようです。お釈迦様がいなくなったのち、どうすべきか、指針を与えてくれる言葉です。

その1
釈迦の十大弟子

シャーリプトラ
舎利弗（しゃりほつ）とも。智慧（ちえ）第一。般若心経や阿弥陀経に登場。

マハーマウドガリャーヤナ
目連（もくれん）とも（→206ページ）。神通第一。

お釈迦様は、わかっていて毒を食べた

お釈迦様がヴァイシャーリーという地がいかに楽しい場所だったか思い出に浸る場面があります。一部の経典によると「**この世界は素晴らしく、人々の生命は甘美である**」と言われたそうです。IT'S A WONDERFUL WORLD! ですね。

お釈迦様は「**人生は苦である**」と私たちに教えてくれました。この世界は思うままにならないということです。**しかし、その思うままにはならないこの世界が、素晴らしいというのです。**

誕生時に宣言した「天上天下唯我独尊」という言葉のように、あらゆる命が輝く教えを生涯かけて説き、最後に人生を振り返り、それがどんなに素晴らしいものだったかを、自らの生き方で私たちに示しています。**仏であるお釈迦様の目には世界が輝いて見えるのです。**

こののち、お釈迦様のもとに再び悪魔が現れ、その求めに応じ、自分の死を「3か月後」と約束してしまいます。お釈迦様は、ヴァイシャー

マハーカーシャパ
大迦葉（だいかしょう）とも。頭陀第一（修行に専念した）と呼ばれる。

スブーティ
須菩提（しゅぼだい）とも。「空」の真理を理解する解空（げくう）第一。

56ページに続きまーす!

リーに別れを告げ、アーナンダと旅を再開するのです。

お釈迦様は食中毒で亡くなったと考えられています。原因はパーヴァー村の鍛冶職人チュンダが用意した料理でした。その料理には「スーカラ・マッダヴァ」という食材が使われていました。これが何かはわかっていませんが、直訳すると「柔らかい豚」。修行者に豚肉を提供することは考えにくく、豚を使って探す「キノコ」だったのではないかともいわれています。

いずれにせよこの料理が原因で、お釈迦様は激しい痛みと下血をともなう下痢に襲われます。**ほかの弟子たちには「決して口にせず庭に埋めよ」と言っているので、お釈迦様自身は料理のなかに、良くないものが入っているということを知っていたのです。**

知っていてなぜ？　と思いますが、弟子たちに、死の縁（えん）を受け入れる姿を、わかりやすく見せたのではないでしょうか。

キューブラー・ロスという医師が『死ぬ瞬間』という著書で、人が死を受容するには「否認」「怒り」「取引」「抑うつ」「受容」の5段階があ

大般涅槃経の悲しみの5段階

1 否認
自分の力を発揮すればいつまでも生きていることができると語った。

2 怒り
アーナンダが自分の言葉を聞き入れなかったことを叱る。寿命をのばすことをせず、先に悪魔と死の約束をしたと語った。

3 取引
今は死ぬときではないと、死を先のばしにした。

ると説明しています。全員が同じような段階をたどるわけではありませんが、２００人の患者を看取ってきた著者の結論です。大般涅槃経には、この死の受容の段階と見られるようなプロセスが書かれているのです。

お釈迦様は悟りを開いた時点で死を受容していますが、弟子たちはお釈迦様の死を受け入れがたいはずです。私見ですが、**お釈迦様はあえてこの段階を踏むことで、弟子たちに死を受容させたのではないでしょうか（↓下）**。それこそがこの旅の目的だったのではないかと思うのです。

4 抑うつ
体はボロボロで古い車のようにようやく動いていると語った。

5 受容
チュンダの出した料理に悪いものが入っていたと知って、それを食べた。

すべてのものは移り変わる

お釈迦様はチュンダが自分の用意した食事が死因につながってしまったことで、自分を責めないよう、弟子を通じてスジャーターの乳がゆ（↓38ページ）と同じくらい大切な食事であったと伝えています。

80歳という高齢に厳しい病を抱えながら、お釈迦様は最後の力を振り絞って進みます。そして旅の終焉の場所、クシナガラに到着します。

病状が悪化したお釈迦様の姿は本当に痛々しく、アーナンダに「疲れたから横になりたい」と言って、4双8本のサーラの樹*（沙羅双樹）のあいだに寝床を用意させます。そして頭を北に向けて顔を西に、右脇腹を下に（頭北面西右脇臥*）して横になります。そして「のどが渇いたから水を飲ませてくれ」と訴えます。

弱々しいお釈迦様の姿にいよいよ命の終わりが近いことを感じたアーナンダは、お釈迦様からは見えない場所で泣き崩れます。

その様子に気づいたお釈迦様は、アーナンダを呼びました。

「悲しむのではない、嘆くのではない、すべてのものは移り変わると教えたではないか。アーナンダ、あなたは長いあいだ私に尽くしてくれた。ありがとう。きっとあなたの修行はうまくいく。大丈夫。大丈夫だよ」

それから集まった弟子たちに質問や疑問がないか確認し、誰も質問がないことを確認すると、最後の言葉を告げます。

「さあ、修行僧たちよ、最後の言葉を告げよう！　もろもろの事象は過ぎ去るものである。怠ることなく、修行を完成させなさい」

そして瞑想に入り、弟子だけでなく多くの人々、鳥や動物たちにまで

＊サーラの樹　沙羅双樹。無憂樹、菩提樹と並ぶ仏教の三大聖木。

＊頭北面西右脇臥　亡くなったとき、頭を北に向けて寝かせる北枕の習俗は、ここから生まれたそう。

その2　**釈迦の十大弟子**

プールナ　富楼那（ふるな）とも。説法第一と称される。

見守られるなか、静かに息を引きとりました。2月15日のことです。

弟子が駆けつけると、勝手に遺体が燃え上がった

お釈迦様が亡くなったとき、大地が揺れ、天が鳴り、神々や弟子たちが嘆き悲しみました。そんな弟子たちの姿を見て、**十大弟子のひとりアニルッダ（↓下）は、お釈迦様が教えてくださった「無常の教え」を夜通し伝えました。これが現在の通夜の由来ともいわれています。**

夜が明けるとアニルッダは町の人々にお釈迦様が亡くなったことを知らせ、茶毘（だび）（火葬）にふす手はずを整えるようにお願いします。

しかし、いくらお釈迦様の遺体に火をつけようとしても燃え上がりません。それから1週間過ぎたのち、教団の中心人物であったマハーカーシャパ（↓53ページ）が死の知らせを聞いて、ようやくクシナガラにやってきました。**マハーカーシャパがお釈迦様の遺体に礼拝をし、しっかりとお別れをすると遺体は勝手に燃え上がったといわれています。**

お釈迦様はマハーカーシャパの到着を待っていたのです。これからの

マハーカーティヤーヤナ
迦旃延（かせんねん）とも。論議第一と称される。

アニルッダ
阿那律（あなりつ）とも。天眼第一と称され、盲目だが真理を見る眼をもつ。

教団を担い、弟子たちの支柱となるマハーカーシャパにも最期の姿を見せたのでしょう。

荼毘（火葬）が終わると、お釈迦様の遺骨をめぐって争いが起こります。そこでドーナという聡明な修行僧が仲裁し、遺骨を8つに分けました。**お釈迦様の遺骨は仏舎利（ぶっしゃり）と呼ばれ、後世の仏教徒の心の拠りどころになっていくのです。**日本にも、タイ国王から分けてもらった仏舎利が、愛知県の日泰寺（にったいじ）*に納められています。

不届き者対策で、「お経」の文化が生まれた

弟子たちのなかには、お釈迦様の死を喜んだ愚か者もいました。スバッダは嘆き悲しむ弟子たちを見て、

「そんなに嘆く必要はないだろう。口うるさいやつがいなくなったのだから結構ではないか」

と言ったそうです。それを聞いたマハーカーシャパはこのままではお釈迦様の教えが消滅してしまうと思い立ち、対策が急務であると決意を

＊日泰寺
タイ王国から贈られた仏舎利を納めるためにつくられた、日本で唯一の超宗派の寺院。各宗派の管長が、交代で住職を務めている。

その3 釈迦の十大弟子
ウパーリ
優波離（うぱり）とも。戒律に精通し、持律第一と称される。

かためます。のちに、**マハーカーシャパを中心に悟りを開いた弟子だけが500人集まって結集（けつじゅ）と呼ばれる会議を行い、お互いにお釈迦様の教えの確認をし合いました。**

ここで活躍したのが、いつもお釈迦様のそばで教えを聞いていたアーナンダです。アーナンダはいつもお釈迦様のそばにいたため、お釈迦様の教えを、たくさん聞いていました。

しかし、それはいつも「誰かのための教え」でありアーナンダのためのものではありませんでした。たくさん聞いていたがゆえに、アーナンダはお釈迦様の死後も悟れず、結集への参加権がありませんでした。でも、お互いが覚えている教えが正しいものであるかを確認する結集には、あらゆる教えを聞いているアーナンダの力がなくてはなりません。

そこからアーナンダは必死で修行を重ねます。アーナンダが悟りを開いたのは、結集の日の朝だったといわれています。

この**結集のときに確認された言葉が、のちに文字化されてお経になりました。お経の出だしは、たいてい「私はこのように聞きました（如是（にょぜ）**

ラーフラ
お釈迦様の実子（→32ページ）。羅睺羅（らごら）とも。緻密な行を行い密行第一と称される。

アーナンダ
阿難（あなん）とも。つねに説法を聞いていたので多聞第一と称される。

我聞（がもん）」となっています。ですから、如是我聞の「我」は、アーナンダであることが多いのです。

大般涅槃経はお釈迦様の最期の物語であり、アーナンダがお釈迦様と別れていく物語でもあります。

アーナンダはお釈迦様にいつもつき添っていたといわれていますが、私はお釈迦様のほうがアーナンダに寄り添っていたのではないかと思います。**別れの悲しみや迷いのなかで、なかなか悟ることのできないアーナンダに、お釈迦様は、ときに厳しく、ときにやさしく声をかけ励まします。そして一緒に仏への道を歩んでくれたのでしょう。**

私はお釈迦様がアーナンダを通して私たちに語りかけてくださっているのだと思います。だから如是我聞の我はアーナンダであると同時に私たちでもあるのではないでしょうか。

遠い過去から今の私たちにお釈迦様が語りかけてくる言葉を聞かせてもらう。仏教というのは私たちの物語なのです。

そう、**アーナンダとは「アナタナンダ」！**

お釈迦様の入滅と遺骨の行方

入滅
もろもろの事象は
過ぎ去るものである。
怠ることなく、
修行を完成させなさい。

ちなみに仏舎利塔（ストゥーパ）を模してできたのが木の板の卒塔婆。

後世の仏舎利塔

遺骨をめぐる激しい争いが生じ、粉砕、分骨し、各地へ。骨を納める丸い塔が信仰の対象になっていった。

仏教の伝承地図

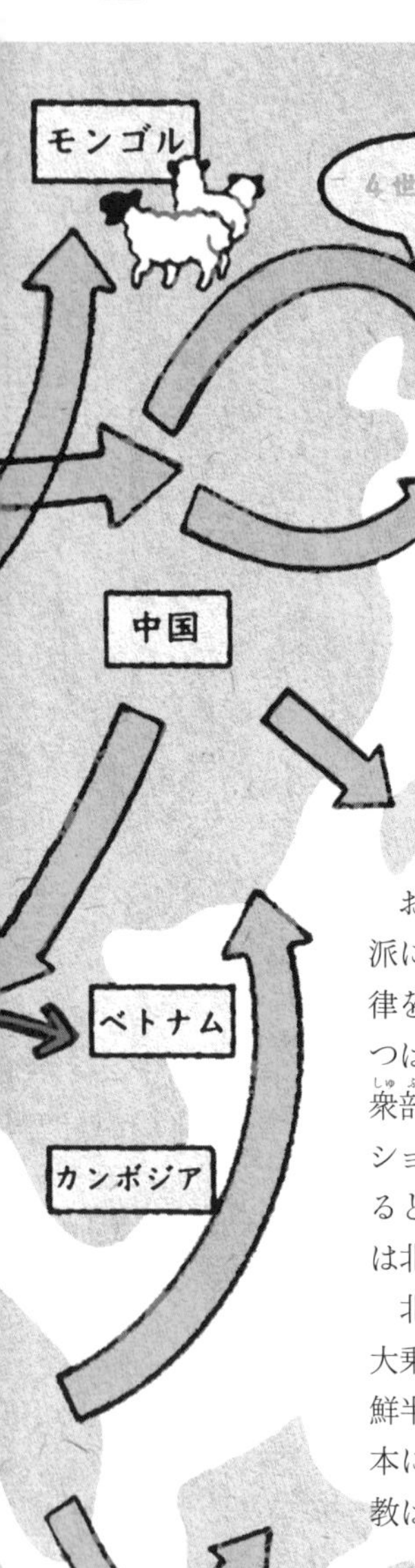

その後の仏教

2派に分かれ、北と南へ。日本には大乗仏教が伝来

お釈迦様の入滅後、仏教は2派に分裂。ひとつは伝統的な戒律を重視する上座部(じょうざぶ)。もうひとつは戒律に緩やかで進歩的な大衆部(だいしゅぶ)です。紀元前3世紀頃、アショーカ王が統治した時代になると、上座部は南方に、大衆部は北方に伝わります。

北方に伝わった仏教がやがて大乗仏教へと変化し、中国、朝鮮半島を経由して6世紀頃、日本に入ってきました。日本の仏教は大乗仏教なのです。

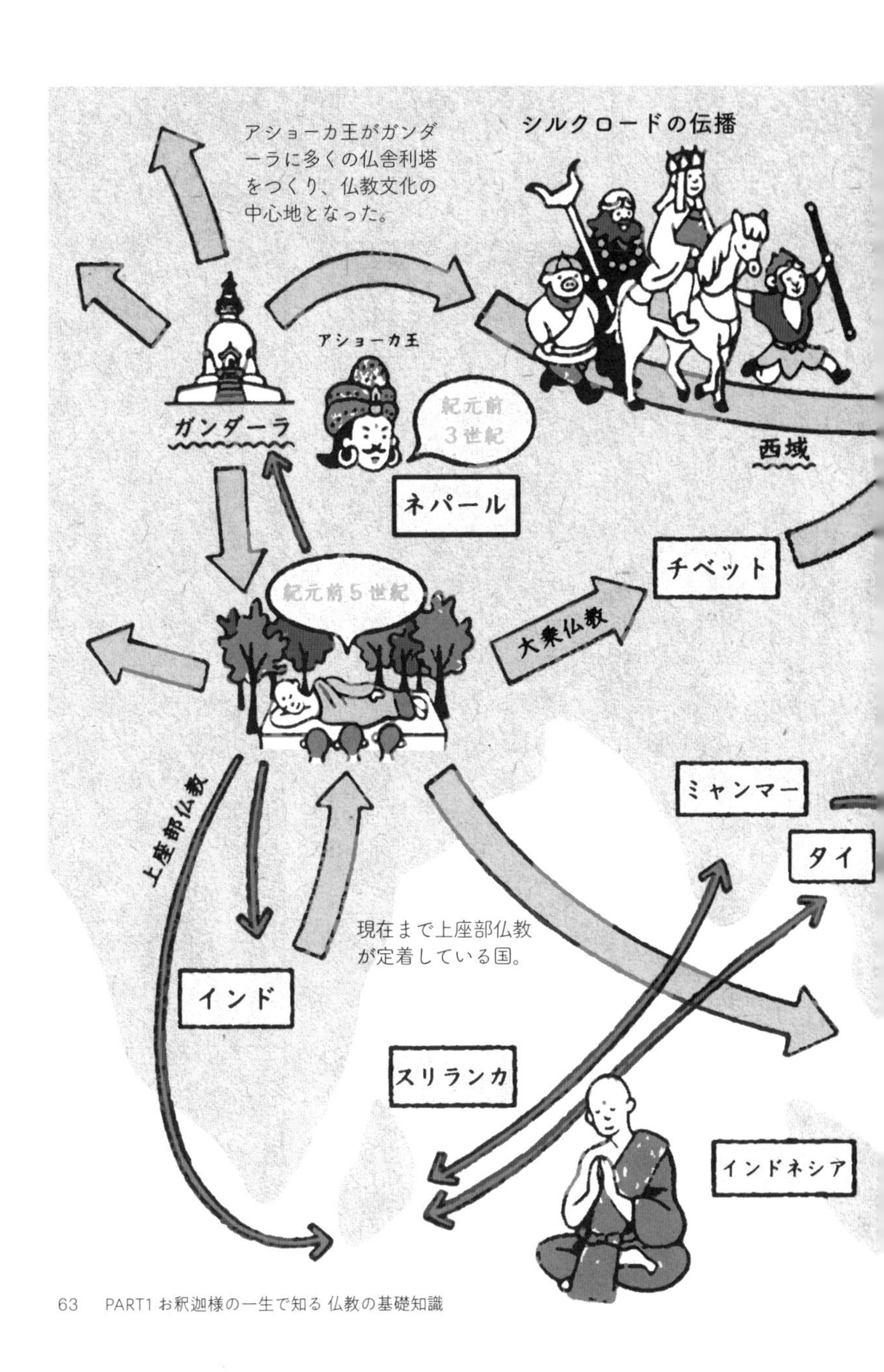
アショーカ王がガンダーラに多くの仏舎利塔をつくり、仏教文化の中心地となった。
シルクロードの伝播
アショーカ王
紀元前3世紀
ガンダーラ
西域
ネパール
チベット
紀元前5世紀
大乗仏教
上座部仏教
ミャンマー
タイ
現在まで上座部仏教が定着している国。
インド
スリランカ
インドネシア

北伝

大乗仏教

他者救済を目的とする

大乗仏教とは「大きな乗り物」の意味。お釈迦様の根本的な精神は、すべての人を煩悩の世界から救おうという、「利他」の心にあると主張する仏教です。北方を中心に伝わったので北伝仏教とも呼ばれます。

チベット仏教

大乗仏教がチベットを中心に独自に発展したもの。密教の色合いの強い仏教文化をもっています。

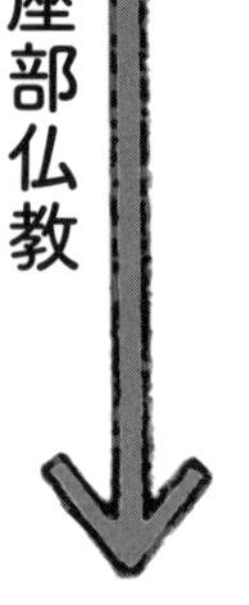

自らが修行し悟りを目指す

上座部仏教はお釈迦様が実践された戒律を守り、修行に励むことで自分自身が悟りを開くことを目指す仏教です。長老を中心とした部派に分かれたことで部派仏教、また長老の教えという意味でテーラワーダ仏教とも。

南伝仏教と呼ばれるように、スリランカ、ミャンマー、タイなどで定着しました。

日本では 1990 年代以降、布教活動が行われています。

南伝

PART2

現代の「苦」を仏教で解決

四苦八苦辻説法

お釈迦様が「人生は苦だ」と
考えたことから
仏教はスタートしています。
時代は変われども人生は四苦八苦、
人間の根源的な苦しみは同じです。
今どきのお悩みを、
仏教的に考えていきましょう。

僕の人生、クソ。生まれ変わるのも面倒

Q SNSに書き込む話題もない。周りは楽しそう。僕の人生なんて、クソだな。人生リセットできたらいいかな、とも思うけど、また生まれて人生やり直すのも面倒です。ずっと死んでいるみたいです。（20代・男性）

クソだ…

生苦
この世に生を受け、産道を通過するときの苦しみ。悟らなければ、人は輪廻転生をくり返す。何度も生まれなければならない苦しみのことを指す。

比較の心を捨ててみる

私もどちらかというとあなたに近い人間でした。高校時代のモットーは「無気力」「無努力」「無感動」。当時、部屋の壁にマジックででっか

く書いてましたから。

そんな私ですが、ここ最近何人かの方から「松﨑さんの人生っていいですね」と言われることがあります。

「SNSの投稿を見ていると、人生が輝いているように見えます」と。自分の人生を「じゅうぶんだなぁ」「幸せだなぁ」「ラッキーだなぁ」とは思います。でも、キラキラした人生を送っているつもりはなかったので、「輝いている」というのは意外でした。

私はSNSを仏教の認知度向上に利用しているため、ネガティブな発言は控えています。その部分だけを見て、私の人生が輝いて見えるのであれば、それは偏ったものの見方です。**他人のつくられた一部分を見て、自分の人生と比較するのは、あまり良いことではありません。**

仏教はものごとの一面ではなく多面的な視点で理解する習慣を勧めます。もし自分と他人の人生を比較するなら、自分の人生と同じ分だけの相手の人生も見なければなりません。

しかし、そんなことは無理な話。正確な比較などできないわけです。

実際はきちんと比べてもいないのに、他人の人生が輝いて見えるのだとしたら、それは自分の心が勝手につくり出した錯覚です。

お釈迦様の弟子のひとりが尋ねたそうです。

「お釈迦様には、この世界がどのように見えているのですか?」

すると、お釈迦様はポンと大地を叩き、その瞬間、弟子たちの眼前に金色に輝く世界が広がりました。

お釈迦様から見ると、この世はすべてが金色に輝いていたのです。**すべてのものが輝く世界ですから、どちらが美しいとか尊いとかもありません。**優劣、貴賤が存在しない、あらゆるものが等しく輝く世界です。

仏教は、仏に成る道が示された人生のガイドブック。お釈迦様のように、「どんなものでも光り輝いて見える」よう、世界を見ることを目指します。これはつまり、**比較の心を手放すということです。**

行動と言葉をひとつずつ丁寧に

まず、比べるのをやめてみましょう。そのうえで私からの提案をひとつ。

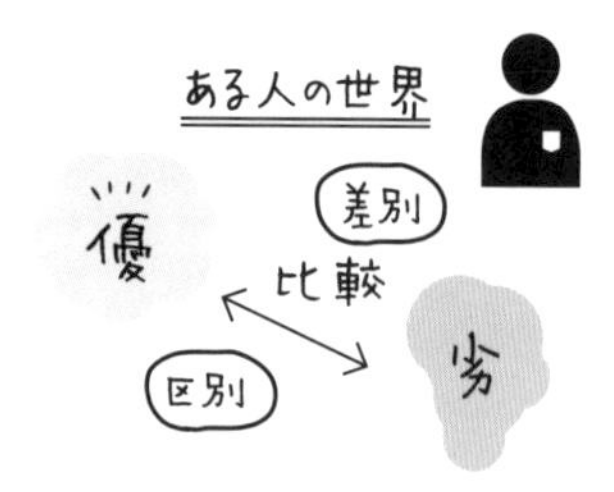

仏教では人の行為を身(しん)・口(く)・意(い)の3つ（三業(さんごう)＊）に分けます。身とは身体の動作。口とは言動活動。意とは心の働きのこと。あなたの悩みは、このうちの意の問題のようです。それなら、いっそのこと意のことは脇に置き、身と口に注力してみてはどうでしょう。この3つは関係し合うので、身と口が変われば意も変化するはずです。

具体的には動作を丁寧に。**洗面や食事、排せつ、睡眠……。あらゆる動作のひとつひとつを注意深く確認しながら進めます。**パンツをはくときも、よく見て、触り、広げ、足先に触れたらその感触を味わい……と。さまざまなことに気がつくはずです。

言葉も同じです。**落ち込んでいるときは、言葉遣いも雑になり、ついマイナスの表現をしがちになります。丁寧に言葉を選び、プラスの意味の言葉に変えていきます。**たとえば、仕事でも勉強でも「まだこれしかできてない」ではなく「今日はこれだけ進んだ」と言ってみるのです。

かくいう私も、ときに面倒くさいなと思いながら人生を歩んでいます。まあいいんじゃねぇの、と思ういい加減さも、必要ですよ。

＊**三業**
自らの身体、言葉、思いの行いによって、報い（業）が引き起こされる。それゆえ、身・口・意を清め、整えることが大切になる。

気づけば自分が最年長。もう会社に居場所がない……

Q 気づけば、会社のなかで、私が最年長になってしまいました。若くて優秀な社員が活躍しているのを見るにつけ、もうここに居場所がないんじゃないかと。ただ年をとっていくのが怖くて仕方ありません。（50代・女性）

老苦
年老いる苦しみ。加齢とともに肉体はもちろん、精神的にも負担が大きくなり、不安や苦痛を感じるようになる。

ひと粒で10年若返る薬を飲みますか？

「昨日できなかったことが今日できるようになるのが成長。昨日できたことが今日できなくなるのが老化」

この言葉を教えてくれたのは、ある介護施設を経営するお医者様です。なるほど、成長も老化もともに時間の流れです。それなのに成長はポジティブに、老化はネガティブに捉えられます。**本質は同じ。でも、受け止め方によって真逆にもなるのです。**

さて、うちのお寺に集まってくるご年配の門徒さんたちに、

「ここにひと粒で20年寿命がのびる薬があります。飲みますか？」

と聞いてみます。多くの方が「もうじゅうぶんよ」「これ以上はいいわ」と「飲まない」という選択をします。

「じゃあ、ひと粒で10年若返る薬はどうですか？」

すると今度は「うーん」と考え、みなさんなかなか答えを出せません。若くはなりたいけれど、あの若かりし頃の苦悩をもう一度、と言われると尻込みしてしまうのだそうです。

結局**どの年齢でも、その年齢なりの苦労があるということです。**

信じられないかもしれませんが、10代後半の高校生でも、自分のことを年寄りだと思っています。下級生を見て「若いなぁ」と言ってみたり、

自分のこと「私もう高3のババアだから」と自虐してみたりするのです。

本当のババアに聞かれたら殴られそうな発言です。「君たちは本当の老いというものを知らないんだよ」と説教したくなりますが、そんな私も、門徒さんから「ご住職は、まだまだ若いわねぇ」と言われます。

別のご年配コミュニティに飛び込んでみる

さて、一体自分は若いのでしょうか。それとも年寄りなのでしょうか？

仏教には諸法無我（↓48ページ）という考え方があります。すべてのものには、不変な実体はなく、何に関わるかで変化していく。**自分が若いのか年寄りなのかは、誰と関わるかで変わっていくものです。**

たとえば、60代は世間的にはリタイア世代かもしれません。でも、お寺のコミュニティでは「若手」の部類に入ります。

若者の姿ばかり見て、引け目を感じるより、いっそのこと別のコミュニティに参加してはいかがでしょう。自分より先輩たちの世界を見つけて飛び込んでみると、そこではあなたは新人になることができます。

若い
今
60歳
50歳
45歳

じつは私たちは毎日が「若い」

私は、綾小路きみまろさんの「80歳のばあさんをつくるにはどうやっても80年かかる」というネタが大好きです。**やれ時短だの、効率化だのと言おうが、いくら科学技術が進もうが、80歳のばあさんを79年でつくることは不可能です。**

逆に言うと、80歳のばあさんは、1年経つと81歳のばあさんでしかありえないということです。

今この年齢のこの瞬間は、一生涯で一度きり。「今」は戻すことも早送りすることもできない。今の自分を否定しながら、若さを追い求めていると、**もっと年を重ねた未来の自分が、今この瞬間を振り返ったとき、後悔するのではないでしょうか。**

時間は戻せません。ですから「一生のうちでいちばん若いのは今」なのです。「今の自分は、これからの生涯のなかでいちばん若い！」

そう、私たちは毎日が「若い」のです。

＼100歳／
未来

90歳　80歳　70歳

過労から仕事をやめ無職に。深い穴に落ちてしまった

Q 過労でうつ状態になり休職。いったんは良くなりましたが、復職後1か月でまた出社できず、退職しました。その後、再就職できず、また病気も治りきらず、深い穴に落ちてしまったような情けない状態です。(30代・男性)

病苦 病気によって生じる痛みや苦しみのこと。

人の心は簡単に病み、身体症状として現れる

人からは悩みなんてなさそうだね、と言われる私ですが、住職になった翌年、ひやりとすることがありました。過酷な教員生活から離れ、安

穏とした僧侶ライフを送っていると、みるみるうちに体重が増えました。正座がきつくて、話題だった低糖質ダイエットをすることにしました。

秋の彼岸を控えた頃、祖母が亡くなりました。同時にお寺で初めてベトナムの方々の法要、母校の大学での講演という予定が目白押し。

私の体重は減っていきました。「ダイエット効果だ！」と喜んでいると、体に震えが起こるようになり、筆を持つこともままならなくなりました。糖質を制限すると手まで震えるのかと不思議がっていたのですが、その期間が過ぎたら、みるみるうちに体重が戻り、震えもなくなりました。つまり、体重が減った原因はストレスだったのです。

あの期間がもう少し続いていたら……と思うと、ゾッとします。人の心は意外なほど簡単に病むのです。

快楽を感じるのが第一の矢、快楽に執着するのが第二の矢

お釈迦様は、仏教を知る聖者と仏教を知らない凡夫の違いを「第二の矢」を受けるか否かだと言っています。人が外部の刺激を心で受け止め

私自身、心の病なんて
縁遠いものだと
思っていたんです。

るとき、2段階の反応をします。第1段階の反応を「受」といいます。受とは、楽しいと感じたり、苦しいと感じたり、またそのどちらでもないと感じる反応です。これが「第一の矢」です。

次の第2段階は、第1段階で受けた反応を維持したり、避けたりしようとする反応です。楽しいと感じると、これを続けたいという心が生まれます。苦しいと感じると、それを避けたいという心が生まれます。そういった心を、私たちは容易に手放すことができません。

快楽を受けると快楽に執着してしまいます。苦しみを受けると苦しみを避けることに執着してしまいます。この執着のことを、お釈迦様は「第二の矢」と呼んでいます。**聖者になっても、痛いものが痛くなくなったりするわけではありません。それらの感覚に執着しないのが聖者だということです。**「第二の矢」をいかに受けないかが大切だというのです。

矢が刺さったら、まず矢を抜くことだけに集中する

第二の矢のお話は、裏を返すと第一の矢は受けてもいいということに

第一の矢

苦受

楽受

非苦非楽受

楽しいと感じる楽受、苦しいと感じる苦受、どちらでもない非苦非楽受の反応がある。

なります。お釈迦様は、無反応なロボットになれとは言っていません。反応するのは当たり前。でも、反応をどう受け止めるかを問うのです。

あなたが抱える心の病を第一の矢とするなら、あなたはそこから生まれる第二の矢まで受けているのではないでしょうか？ 「心を病んでいる自分が情けない」と自分を責める第二の矢に苦しんでいるのでは？

私たちの心は弱く傷つきやすいもの。それは心がもつ特性です。傷ついたものは傷ついたものとし、傷をいやすことに集中する。今後の生活など心配は尽きませんが、それでも矢が刺さったら、まず矢を抜く。この矢はどこから来て、誰が放ったものなのか。どんな材質でできていて、私にどんな害を与えるのか。この矢によって今後の生活がどう変化するのか……ではなく、今は矢を抜くことが先決です。

抜いたら、矢が刺さる自分なんてダメだ、情けない、こんな自分だからまた矢が刺さる……とは思わず、傷の手当をしましょう。

ただ、**今、この瞬間にやるべきことに集中する。そしてそのこと自体にも執着をしない。** 病と向き合う自分を認めてあげてはどうでしょうか。

楽受、苦受にはさらなる執着（第二の矢）が生じる。

死苦(しく)

寝たきりで死を待つ父。果たして幸せなのか

Q 父が認知症になり、もう口もきけず、寝たきりの状態です。こんなふうに過ごすことが、幸せなのか考えてしまいます。日本は安楽死が認められていませんが、そういう選択肢もあるのかなと思います。(40代・男性)

死苦 死に対する恐怖。誰もが死から逃れることができない苦しみ。

元気なときほど、死についての考えを話す

人生の最終段階をどう過ごすかについて、重視されるべきは本人の意思です。そんなの当たり前と思われるかもしれませんが、実際、普段か

ら死について考えている人はどれほどいるでしょう。本来は元気なうちに話し合っておくべきことです。

ところが、日本には「死」を口にすることを好まない文化があります。「死」は非日常。日常に非日常である「死」をもち込むことを嫌うのです。夕食の団らんで、子どもが「お母さん、死ぬときはどうしてほしい?」なんて聞けば、「縁起でもない」と言われます。ヘタをすれば「あんたお母さんに早く死んでほしいの!?」なんて言われかねません。

私も教員時代に死についての授業をしたら保護者からクレームが来ました。「受験の大事な時期に、死について授業するなんて! うちの子が自殺でもしたらどうするんですか」と。

私が預かる永明寺では「縁起でもない話をしよう会」という会を行っています。**地域医療者を交じえみんなで死について話し合うのです。テーマは「人生会議」や「相続」、「お葬式」など多岐にわたります。**その業種に携わる人がレクチャーし、その後グループワークの話し合いを行うのです。

豆知識

国も推進する「人生会議」

人生の最終段階における医療・ケアについて、本人が家族や医療・ケアチームと話し合うとり組みを「ACP(アドバンス・ケア・プランニング)」といいます。しかし、それではわかりにくいということで厚生労働省が平成30年「人生会議」と呼ぶことを決定。芸人さんが死に際の患者さんに扮するポスターがネットで炎上し、物議をかもしましたね。

この話し合いが盛り上がります。人がしゃべり、自分も負けずにしゃべりたおす。帰るときは、みんな晴れ晴れしています。会の裏の目的は「自分の死に対する考えを口にして他人に伝えられるようになること」。

この力が家庭で発揮されたら、と思うのです。

さて、あなたの悩みは、一見するとお父様の苦しみを考えているようですが、私にはあなた自身の死に対する悩みのように見受けられます。**お父様の幸せが何であるか考える前に「自分が死に際したら」と考えてみてはいかがでしょう。**自分ならどうしたいのか、どうすべきなのか、を普段から他人に伝える。それで、あなた自身の思考も整理されます。死を考えることは生きることを考えることにつながります。自分の生死のあり方を深めることで、お父様への思いも変わってくるかもしれません。

ただ独り死んでいく現実を理解する

その人の死をどうこうできるのは、結局はその人自身です。お釈迦様は「独生独死独去独来(どくしょうどくしどっこどくらい)」という言葉をのこしています。**人は「独(ひと)りでこ**

みなさんも、
自分が死ぬなら?と仮定し、
考えを誰かに
話してみましょう。

の世に生まれ独りで死んでいく。独りでこの世にやってきて独りで去っていくものだ」。生も死も、誰も代わってくれないということです。

人は、自分が一体何者なのかを知らぬままに生まれています。この状態を「無明（むみょう）*」と呼びます。明かりがない、何も見えない状態です。

無明は不安を招き、人は、自分が何者であるかを示さなければ、といろいろなものを集め、自分を形づくります。肩書や立場、家族や財産、名誉、権力……たくさん持ち物があるほうが、充実した人生のように思うのです。

でも、それらは自分自身ではありません。いずれ手放していかなくてはなりません。**時間が経てば立場も変わり、肩書も外れ、財産も減り、家族とだって別れなければならない。最後にのこるのはベッドの上で横たわる私ひとりなのです。**

容赦のない厳しい言葉ですが、それが誰にも等しくやってくる現実です。あなたがまずこの現実を理解することで、病床にあるお父様の見え方が変わってくるのではないでしょうか。

* **無明**
智慧、仏の真理は光にたとえられる。智慧の光のない暗闇、無知の状態。すべての煩悩は、無明から生じる。

愛別離苦（あいべつりく）

夜中のLINE。嫉妬心から別れを想像してつらくなる

Q 彼といるときは最高に楽しいのですが、ふと嫉妬に駆られて苦しくなります。先日も夜中、彼にLINEが入り、浮気しているのかも……と。別れたあとのことまで考えて、苦しくて仕方ありません。（20代・女性）

愛別離苦
愛する人と別れなければならない苦しみ。

愛は差別、区別の心が生み出した苦しみの素

あなたは「愛」にどんなイメージをおもちですか？
流行歌のテーマといえば愛。そんな歌に影響される若かりし頃は、私

も愛する人がいることが人を強くし、人生を彩る、と考えていました。

若いから、だけでもありません。ご年配でも恋愛問題は例外ではありません。高齢者施設で、「○夫さんは△子さんに気があるようだよ」みたいな話はよくあるそうです。ときには流血をともなうような愛憎劇がくり広げられるのだとか。美しいはずの愛が、苦しみを生み出します。

仏道を歩むものにとっての愛とは、世間の幸福なイメージとはまったく違うものです。愛すれば、そこに欲と執着が生まれます。もっと一緒にいたい！　自分のことだけ考えてほしい！　絶対離れたくない！　かなわなければさらなる苦しみにさいなまれる。愛は苦しみの素なのです。

デーブ・スペクターさんは、夏にツイッターで「愛は地球の一部を救う」とつぶやきます。この時期に放送される「24時間テレビ　愛は地球を救う」を皮肉ったものです。〝一部〟とつけ加えられた言葉は、人間の愛の限界を突いた言葉なのだと思います。

お釈迦様の智慧*は「無分別智（むふんべつち）*」です。無分別智とは、あらゆるものを分け隔てないことです。逆に私たちの知恵は「分別」でできています。

***智慧**
人間界の分別により判断する知恵と区別される。

***無分別智**
分別を離れたところにある、ものごとの本質を把握する智慧。仏道を歩む者（菩薩・ぼさつ）によってしか得ることはできない。

自分と他人、男と女、生と死……さまざまなものを区別する知恵。私たちは分別心でしか、ものごとを判断できません。

愛もまた、この分別心が生み出したもののひとつです。

何かを愛した瞬間、愛さない何かが生じ「差」ができます。もしあなたの彼と、よその男が池で溺れかけていたらどうしますか？　愛している彼を助けたいと思うでしょう。時間も力も限られていますから、人間はとっさに優先順位をつけてしまいます。

でも、その愛は普遍ではありません。今は、彼との別れがつらいと言いますが、彼が「じつは僕には本命がいて、君のほうが浮気だった」と言ったらどうですか。愛していた彼はとたんに憎むべき彼になるはずです。手放したくないと思っていた彼に、殺意を覚えるかもしれません。

愛のない世界はツマラナイ

このことを踏まえて、次の言葉を紹介します。「『LOVE&PEACE』という言葉があるけど、LOVEさえなければ、PEACEなんだよ」

豆知識

仏教の愛「慈悲」

仏教において愛に近い言葉に慈悲があります。「情け」のような意味で使われますが、語源には慈に友情、悲にあわれみの意味があります。仏道を歩むもの（菩薩）が、衆生（生きとし生けるもの）に向ける深い共感の心を指すのです。

仏の道は悟りへの一本道です。先を歩くお釈迦様や菩薩が、人間時代の渇愛を思い、無分別の友情とあわれみをもって、私たちに共感を示してくれているのです。

これはタモリさんが、「戦争がなくならない理由」について語った言葉だそうです。人は好きなものができると奪ってしまう。好きなものを奪われたら憎んでしまう。好きなものを傷つけたものを、許すことができない。愛と平和はセットですが、その愛が平和を邪魔しているのです。愛した瞬間に敵が生まれるという、愛が抱える矛盾を指摘しています。

さて、この言葉にはじつはまだ続きがあります。

「ただ、『好き』がない世界というのも、ツマラナイだろう？」

愛のない世界はツマラナイのです。愛に溺れて苦しむくせに、愛を求めてしまう人間とは、なんて非合理的な生きものなのでしょうか。

仏教ではそんな矛盾に満ちた人間の愛を、渇くという字をつけ、「渇愛」と呼びます。**愛は渇き。いくら口にしても満たされることはありません。**それに対し、お釈迦様の無分別の思いやりを「慈悲」といいます。

もしあなたが彼の行いを「慈しみ」「共感」「喜び」「平静」の4種の心*をもって受け止めることができるのなら、気になる彼のLINEをのぞいてみましょう。そうでなければ、あまりお勧めはしませんが……。

* **4種の心**
無分別の思いやりをもった慈・悲・喜・捨の心のあり様を四無量心（しむりょうしん）と呼ぶ。

◀**慈無量**
衆生に楽しみを与えようとする心。

◀**悲無量**
憐憫で苦しみとり除こうとする心。

◀**喜無量**
妬みを捨て、他人の楽しみをともに喜ぶ心。

◀**捨無量**
自分の愛憎、好悪の感情を捨て、平等に接する心。

怨憎会苦（おんぞうえく）

SNSで炎上……。悪口をのぞいて苦しくなる

Q SNSで猫が雀を捕まえてきた写真をアップしたら炎上。「猫を外に出すなんて非常識」「生態系を脅かす」といったコメントが……。見なければいいのに、ついスマホを開いてしまう自分も嫌です。（40代・女性）

怨憎会苦 憎いものとも出会わなくてはならない苦しみ。

誰かを憎むとは、「誰かを憎む自分」に出会うこと

私もSNSを使いますので、気持ちはわかります。私が気をつけているのは、使用目的をはっきりとさせること。私は「仏教の認知度を上げ

る」「永明寺を知ってもらう」という目的のためだけに使っています。

受験勉強にツイッターを使ったある東大生は、「恥をかくために」と言っていました。自分の成績や勉強について公開すると、自分より上位の人から批判を受ける。その悔しさをばねにして勉強をしたのだとか。

ここまでストイックな目的を設定する必要はありませんが、**目的があると、自分と自分の発信に距離が生まれ、批判を受けても、目的のためだと割り切れます。**発信もエスカレートせず、誰かを責める気持ちを抑止できます。

とはいえカチンときて、相手を恨めしく思うことはあります。誰かを憎む、というのは同時に「誰かを憎む自分」と出会うことでもあります。人を憎むときは、普段からは想像つかないほどの感情がわいてくるものです。恐ろしい考えが次々と浮かび、それ以外のことを考えられない。「醜い自分」に出会うことになります。

憎悪は他人を傷つけますが、同時に自分をも傷つけることになります。

そしてこの真の痛みは、怒りの麻酔が切れたあとにじわじわと広がって

いきます。メンタルをやられるのは、じつはこういうときです。

ＳＮＳで人を攻撃するときは、相手より優位に立つと安心する、嬉しいといった心理が働くのでしょう。相手をやり込めることで、自然と快楽を覚える。快楽には依存性がありますからやめられなくなるのです。逆に攻撃されているのに、スマホを開いてそれを見ずにはいられない人にも、依存が隠れているのかもしれません。

嫌な気分になるとわかって見に行くと「ちゃんと」嫌な気分になる。**自分が予想した通りになる成功報酬的な快楽を感じているのかもしれません。**結果「誰かを憎む自分」と出会うことになるのに、それがやめられない。傷つくことに快楽を覚え、依存状態におちいっているようにも見えます。

贈り物を受け取らないとき、その贈り物は誰のもの？

明確な目的をもって行動すると、こうした横道にはそれずにすみます。

たとえばお釈迦様は、おばけ、幽霊といったあやしげな存在について

尋ねられても答えていません。仏教の目的は「悟りを開き仏に成ること」ただ一点だからです。**おばけが仏道を妨げない限り、あってもなくてもどうでもいい。だから語らないのです。**これって、ＳＮＳの使い方にも通じると思いませんか。

最後にお釈迦様のエピソードから。あるとき、お釈迦様がある人からひどい言葉を浴びせられます。しかしまったく気に留めません。

弟子が「反論すればいいのに！」と訴えました。するとお釈迦様は、弟子にこう聞き返しました。

「贈り物をして、その贈り物を相手が受け取らなかったとき、その贈り物は一体誰のものになる？」

弟子は「それは贈った者のものではないでしょうか」と言って、ようやく気づいたのです。**お釈迦様が相手の言葉を受け取らなかったということは、その文句はすべて相手が引き取ったことになる、と。**

ＳＮＳで飛び交う言葉の何を引き受けていくべきか。ご自身の目的に照らし合わせて考えてみてはどうでしょうか。

求不得苦（ぐふとくく）

婚活仲間が彼を横どり。心のなかでののしる日々

Q 婚活仲間だった友人が条件の良い彼と結婚。じつは彼、私が合コンで最初に目をつけ、仲良くなったのに、途中で彼女にとられ、約1か月でゴールイン。おめでとうと言ったものの、心のなかでは彼女をののしる日々。私、このままだと性格ブスになりそう。（30代・女性）

求不得苦
求めているものが手に入らない苦しみ。

現時点で誰もが立派な性格ブス

「私、このままだと性格ブスになりそう」という今のあなたは、自分の

性格を「ブスではない」と認識しているのかもしれません。ご自身に自信をもつのは素晴らしいことですが、残念ながら口に出さずとも友人を日々ののしる行為は、現時点でじゅうぶん立派なブスです。

ブスブスと言いましたが、私だって同じです。自分が欲しかったものを他人がもっている、ましてやそれがその人によって奪われたものだとしたら、相手の幸福なんて素直に喜ぶことなどできませんからね。

人間誰しもがもつ醜い心です。でもあなたは、**自分でそれに気づき、苦悩している。つまり仏道のスタート地点に立てたということです。**

松茸がありがたいのはなぜか？

さて、話題は松茸に移ります。まれにわが家の食卓に、いただきものの松茸が上がります。私の父は決まってすき焼きの話を始めます。

「昔は松茸なんて珍しいものではなかったんだ。すき焼きに松茸がごっそりと入っていた。そのくせ肉はほんのちょっぴりだったから、松茸なんて嫌で嫌で仕方なかった」

当時は嫌だったものを、今ではありがたがっていただく。昔は良かったな、とほんのちょっぴり皿にのった松茸を眺めながら嘆くのです。

さて、父は本当に松茸を愛しているのか。何らかの技術革新が起こり、松茸が簡単に栽培できるようになり、珍しいものではなくなり、食卓に山のように盛られたら、果たして父は喜ぶでしょうか。

答えは否です。昔と同じように嫌な顔をするはずです。

実際これと同じようなことが、舞茸で起こっています。その昔、あまりのおいしさに山で見つけた人が舞い踊ったといわれる舞茸。現在は栽培法が確立し、どこでも買うことができます。スーパーで舞茸を見つけて踊っている人なんて見たことがありません。

他の食材も然り。貧しかった時代には貴重品だった肉、魚、卵……。私たちはもはや驚くことも、感謝することも忘れています。

私たちが何かを手に入れて喜ぶのは、それが「私だけ」のときです。

松茸も「私だけ」が口にするなら嬉しい。でも舞茸のように誰もが手に入れられる状況で口にできても、たいして嬉しくはありません。松茸に

対する喜びは、他人との比較のなかで生じるものかもしれません。

「私だけ」が幸せになりたかったのではないか？

仏教では、他者との比較にとらわれ、自己に固執することを「慢（まん）」と呼びます。お釈迦様は、「慢」は煩悩のひとつであり、その根源には「渇愛（↓85ページ）」があると言っています。

他者との比較によって欲しいものが手に入らず苦しんでいるなら、いったんすべてのものから距離を置いてみましょう。比較対象から離れ、慢の根源にある「渇愛そのもの」の正体を、明らかにするのです。

本当に彼のことを欲していたのか。欲しかったのは彼自身ではなく、彼の学歴や財産……スペックだったのではないか。彼と結婚できたら、幸せになれたのか。結婚できる自分と結婚できない友人との比較のなかで、「私だけ」が幸せになりたかったのではないか。だとしたら彼である必要はあるのか。彼や友人は、私の幸せの本質に関係あるのか……。

答えにたどり着いたとき、性格ブスなあなたは消えているはずです。

＊慢
他人と比べることで自分にこだわり、他人をあなどる心のこと。「我慢」とは、この慢をさらに細かく分類したときのひとつで、仏教では、強い自我意識から生じる慢のことをいう。

息子が引きこもりに。椅子を投げつけられた

Q 中学生の息子が部屋から出てきません。何度か話し合おうとしたのですが、口をきこうとしません。先日無理やりドアを開け、引っ張り出そうとしたのですが、椅子を投げつけられました。（50代・男性）

五蘊盛苦
心身の活動のあらゆることが苦しみだということ。

自分の火を制御できず燃え盛り苦しむ

「五蘊盛苦」という言葉があります。五蘊というのは私たちを構成する要素を色（肉体）・受（感覚）・想（想像）・行（心の作用）・識（意識）

色
私たちの肉体。物質的なもの。

の5つに分解したものです。

このうち、身体に関するものは色のみで、あとの受・想・行・識の4つは心に関係するものです。

五蘊が「盛ん」であることの苦しみがこの五蘊盛苦だというのです。火が「燃え盛る」ように、まさに心身がメラメラと燃えている状態だと思ってください。

燃え上がるような情熱は人を動かす原動力になります。生きるために火を使わなくてはなりません。しかし**多すぎる火は何も生み出しません。火を制御できずに燃え盛っていることを「盛（じょう）」といいます。**

思うがままにならないときに苦が生まれる

私たちは自分の心身をうまくコントロールすることができません。私の息子が幼い頃、あまりにもウロチョロするので、妻が「なぜじっとできないの！」と叱りました。すると息子は「体が勝手に動いちゃうのぉ！」と訴えていました。

受
感覚器に刺激を受ける。

想
心にイメージすること。

行
意思をもち判断すること。

識
総合的に認識すること。

子どもだけはありません。たとえば寒くて体が震えるとき、止めようと思っても止められるものではありません。私たちは髪の毛一本、爪一枚、自由にすることはできないのです。エイっと念じて髪の毛が生えたら、世のなかの多くの方が抱える悩みはひとつ減るでしょう。身長も体重も、気合でどうにかなるものではないのです。

泣きたくなくても、涙がこぼれたり、泣きたいほどつらいのに、笑ってしまったりすることだってあります。

自分のことですらうまくコントロールできないのですから、他人であればなおさらです。にもかかわらず、私たちは相手をコントロールしたがります。

私たちは自分の好き勝手にはできない世界に生きています。お釈迦様はそれを「一切皆苦（↓48ページ）」と説きました。

この「苦」とは「思うがままにならない」という意味です。**思うがままにはならないのに、〝私〟たちはそれを思うが〝まま〟にしようとする。つまり「〝我〟が〝まま〟」に生きているのです。**

ままにならぬが
浮世の常

「我がまま」が通らなかったとき、苦悩します。

あなたの悩みを〝我がまま〟だとは言いません。息子さんを心配されてのことでしょう。しかし、自分が思った通りの反応を求めると、お互いの苦悩の種になることはたしかです。

あなたにできるのは、あなたのことだけ

「法句経（ほっくきょう）」*というお経に「**己こそは己の主、己こそは己の頼りである。だから、何よりもまず己を抑えなければならない**」という言葉が出てきます。私が他人を動かせないように、他人も私を動かすことはできません。私を動かせるのは私だけなのです。

息子さんは、息子さんの力でしか、部屋から出てくることはできません。あなたにできるのは、あなたのことだけ。**自身の燃え盛る心身を見つめ、自分で自分をコントロールすることです。**

まずは、あなた自身の人生を見つめ、そのうえでより良く生きるとはどういうことかを、息子さんと一緒に考えてみてはどうでしょう。

＊**法句経**
お釈迦様の言葉が短い詩句の形で収められているもっとも古い経典のひとつ。

SNSで人気!

バズるお寺の掲示板

時流に合った法語に注目が集まるお寺の掲示板。
永明寺でも、オリジナル法語を更新し、SNSで紹介しています。

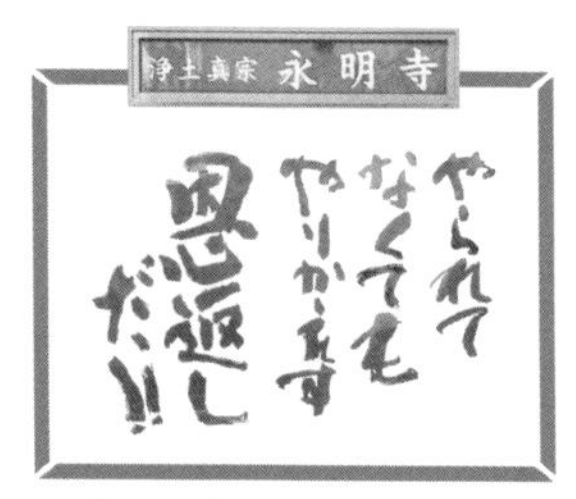

知らず知らずにいただいているのがご恩。ご恩返しに条件はいりません。

私たちはすでに阿弥陀様の救いのなかにいます。

流行語「ぴえん」。これを「悲しみ」に置き換えて読んでみてください。

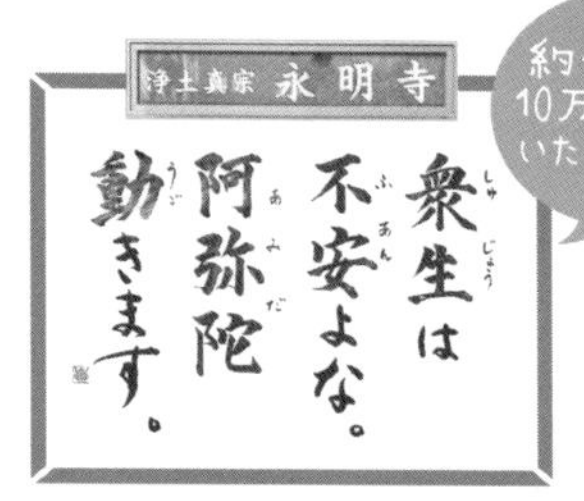

「輝け! お寺の掲示板大賞2019」(仏教伝道協会主催)大賞作品です。

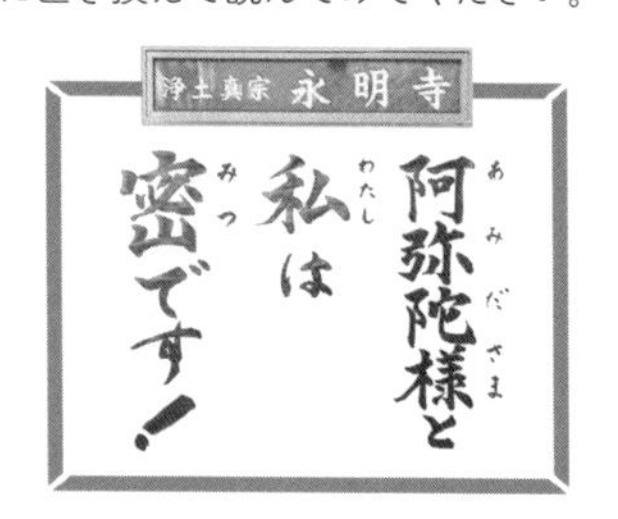

ソーシャルディスタンスでも、いつでもどこでも阿弥陀様とだけは密。

亡き志村けんさんの言葉。仏教語で大丈夫は仏様の別名でもあるのです。

PART3

宗派別お坊さんインタビュー

伝統宗派の教えと特色

その人なりの仏道を歩めるように、
お釈迦様は教えの多様性を認めました。
そこから生まれたのが宗派仏教です。
日本の伝統宗派のお坊さんが語る
祖師、宗派の推しポイント。
ぜひ、あなたもあなた自身が
心ときめく教えを見つけてください。

無数にある仏への道筋。あなたのための道を見つけて

お釈迦様の時代は効率よく悟りに近づくことができた

ひとつの宗教なのに、浄土真宗、真言宗、日蓮宗……とたくさんの宗派があるのを、不思議に思ったことはありませんか？　これはお釈迦様の説法スタイル「対機説法」に由来します（↓44ページ）。対機の「機」は「人」という意味。**相手の能力や環境、得意、不得意、タイミングを見抜き、それに合わせて最適な教えを説く方法です。お釈迦様から、自分だけのオーダーメード説法を聞きます。**そのため、お釈迦様が生きていた頃の弟子は、効率よく悟りに近づくことができました。

宗派の違いは、どのお経を中心に据えるかの違い

しかし、お釈迦様が亡くなるとそうはいきません。教えをまとめようとしても、対機説法のためそれぞれが聞いていた説法はバラバラ。そこで、信頼に足る話はすべて「遺（のこ）す」ことにしました。これがのちのお経です。

お釈迦様の死後、仏道を歩む人は膨大な経典のなかから、自分に合うものを、自分で選ばなくてはならなくなりました。時代が進むと数あるお経から、時代に合うものを選び、ときにはそこに書かれていないお釈迦様の真意を見抜き、人々に説き勧める優れた僧侶たちが現れました。それが、各宗派の祖師（開祖）たちです。宗派の違いは、膨大なお経のなかの、どのお経を中心に据えるかの違いといえます。**各宗派のやり方や考え方は、違うように見えることもありますが、どの宗派であっても最終的な目的は「仏に成る」ということです。**それは、ひとつの山の頂上を目指す登山のようなものです。さまざまな登山道があるけれど、最後にたどり着くのは「成仏（じょうぶつ）」という山頂。ときに地図にないような道を

見つけることもあります。そんな多様性を認めるのが仏教です。

自分の推し教え、推し寺、推し僧侶を見つけよう

もしお釈迦様がひとつの道しか認めず、「こうしないといけない！」と決めていたなら、仏教は2500年も続かなかったでしょう。仏道を歩むうえで、「教え」を選ぶことは大切なことです。現在、多くの人たちが家庭で受け継がれてきた「家の宗教・宗派」を「当然のもの」として受け入れています。もちろんいただいたご縁は大切にしないといけませんが、もう一歩踏み込んで、自分に合った教えを探してみましょう。

そして、**「他人に推したい教え」「推し寺」を見つけ、次世代に伝えていってください。後世にのこすべき、大いなる財産となるはずです。**

さてこの章では、現代をひた走る、日本の伝統宗派で活躍する素敵なお坊さんたちにご登場いただきます。**「推し」の決め手となる、各宗派の「推しポイント」を、私の「推し僧侶」のみなさんに語っていただきます。**きっと素敵なあなたの「推し」が見つかりますよ！

私のお坊さん論

お坊さんは変態

アイドル文化にたとえれば、阿弥陀様は私の推し。手の届かないアイドルです。そう考えるとお坊さんって文字（お経）だけで存在を信じ、声や話し方、性格をイメージ。フィギュア（仏像）を飾り、アイドル本（経典）を朗読。観仏（かんぶつ・見えない仏を観る瞑想）なんて、目前に推しが現れるまで修行するのです！　お坊さんって変態です（笑）。

日本の宗派仏教系統樹

飛鳥時代（592～710） 仏教伝来

奈良時代（710～794）

南都六宗

中国から六宗（宗派というより学派的存在）が伝来。東大寺や興福寺などを中心に、僧侶を養成。

- 法相宗
- 三論宗
- 華厳宗
- 律宗
- 成実宗
- 倶舎宗

平安時代（794～1185）

平安二宗

天台宗

唐で天台教学、禅、浄土教、密教を学んだ最澄が、比叡山に創設。法華経を重視。

→104ページ

真言宗

唐で密教を学んだ空海が創設。身・口・意の修行でこの身のまま仏に成れると説く。

→114ページ

鎌倉時代（1185～1333）

法華系

日蓮宗

密教化が進む比叡山で学んだ日蓮が、法華経こそ真実のお経だと説いた。

→124ページ

浄土系

浄土宗

法然が平安末期の荒廃した都で、念仏を称えれば極楽浄土に往けると説いた。

→154ページ

禅宗

臨済宗

栄西が宋より伝え、白隠により大衆化。公案（禅問答）によって悟りに近づく。

→134ページ

曹洞宗

宋で学んだ道元が只管打坐を説き、坐禅を広める。瑩山が宗派として確立。

→144ページ

浄土系

浄土真宗

法然に弟子入りした親鸞が、その教えをもとに凡夫こそ阿弥陀様の働きで救われると説いた。

→164ページ

一隅を照らすように生き、他を排さず、受け入れる

谷 晃仁（永福寺住職・西光寺副住職）

60日間比叡山にこもることで初めて天台僧になれる

松﨑　もともとお寺のお生まれなんですよね？

谷　ええ、なのでいずれ自分もお坊さんになるものだと思っていました。12歳のときに得度（＊とくど）し、僧籍（＊そうせき）を得ています。僧籍を得るには師匠が必要なのですが、私の場合、師匠は祖父。父も、祖父が師匠なので、私と父は親子ですが、父は私の兄弟子に当たるんですよ。

中学3年生のとき、進学をどうしようかと考え、いずれ僧侶として生きるにせよ、大学までは好きなことをしようと決めたんです。それで当

●谷 晃仁（たに・こうにん）
1976年群馬県生まれ。永福寺住職・西光寺副住職（前橋市）。新潟大学工学部情報工学科、叡山学院を卒業。天台仏教青年連盟代表、全日本仏教青年会副理事長、理事長などを務める。

永福寺・西光寺 HP　https://tendaisyu-saikouji.jimdofree.com/

時好きだったコンピューター関係の勉強に進みました。

松﨑　将来のことを考えてインターネットに強くなろうとか？

谷　いえ、まったくの趣味（笑）。卒業後は天台宗*の本山延暦寺がある、比叡山のふもとの叡山学院*で、2年間僧侶としての勉強をしました。

松﨑　お坊さんになるためにどういう過程を踏むんですか？

谷　師匠について得度*したあとは、60日間比叡山の横川の修行道場にこもります。前行と加行、前後30日ずつの修行です（↓110ページ）。修行**のあいだは外界の情報は一切入ってきません。親が死んでも、知らされない世界です。**この修行を経て初めて天台宗の僧侶として認められます。

松﨑　天台宗の修行って、回峰行*を始め、さまざまありますよね。

谷　**前行・加行は全員。それ以上の行は、いわば昇進試験のようなものですね。**千日回峰行は数年に一度、限られた人しか受けられません。ほかに百日回峰行や山にこもる籠山行*などもあります。こうした修行は義務ではなく、自分のために行うものです。ただそれによって天台宗の僧侶としてできることの段階は上がっていきます。

*＊**得度***
出家し、仏門に入る。

＊**僧籍**
僧侶の籍。各宗で僧籍登録は義務化。

＊**天台宗**
祖師は最澄。総本山は比叡山延暦寺。

＊**叡山学院**
天台宗の僧侶育成の専修学校。

＊**回峰行**
比叡山での修験道の修行。山中を歩き、礼拝をし続ける。千日回峰行は7年かかる。

＊**籠山行**
比叡山にこもり、決められた行を続ける。

自分のための修行の先にいつも「他者のため」がある

松﨑　天台宗は、最澄様が遣唐使として唐に渡り、法華経を中心に据える中国天台宗や密教や禅などの教えをもち帰り興した宗派。エリートしか学べなかった日本の当時の仏教の状況のなかで革命的なことですよね。

谷　そうです。ですから教えの中心には、**誰でも仏に成れる素質がある「悉有仏性」と、誰でも仏に成れる道がある「悉皆成仏」があります。**

檀信徒全員が生前に受戒*し、仏様と縁を結ぶことを目指します。

また「忘己利他」「一隅を照らす」も山家学生式*に書かれている大切な教えです。**忘己利他とは、他人が嫌がることは、自らが率先して行うということ。一隅を照らすとは、自分ができる範囲のことを精いっぱい行う。**よくろうそくの灯りにたとえるのですが、光が届く範囲には限りがある。自らを燃やし、照らせる範囲を精いっぱい照らす。それ以上照らそうとする必要はないんです。ほら、ボランティアなども頑張りすぎると自分の生活が回らなくなり、継続できなくなりますよね。まず**でき**

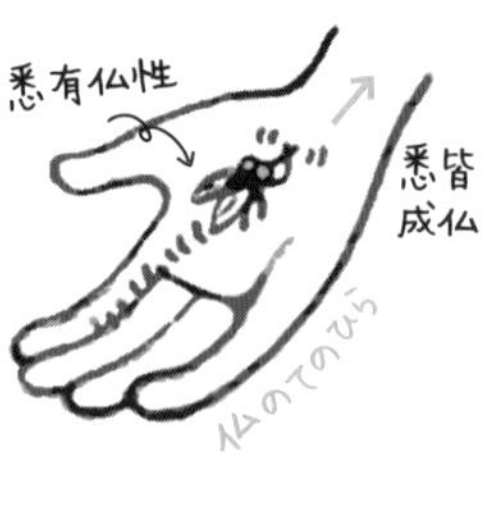

悉有仏性
悉皆成仏
仏のてのひら

*受戒
生前に戒を授かり仏弟子となる（戒名をもらう）。現在は葬儀を受戒（授戒）の儀式として行うケースも多い。

*山家学生式
天台僧が守るべき規則などが書かれた最澄の書状。

ることをやり、それを末永く続けること。これも最澄様の教えです。

松﨑　なるほど自利と利他ですね。最澄様はいつも他人のために動くやさしい方ですね。だって自分は受戒しているのに、多くの人のために戒壇院を設立するために奔走されたでしょ。

先日、私、テレビで千日回峰行の番組を見たんです。行者の僧侶が唯一休める杉の木があり、そこに座ると京の街を見渡せるとか。その光景を想像すると、行者さんの心に「民のために」という慈悲の思いがわき上がるのではないかと思えました。利他行の極みですね。

谷　たしかに行は自分のため。でもその先にあるのは必ず利他。**まず自分が仏様と縁を結び、仏様に仕えることができる人物になる。そして自分を中継者として、民の思いを仏様に伝える役割をもつんです。**

松﨑　天台宗は利他に尽きますね。

谷　山家学生式は「国宝とは何者ぞ、宝とは道心なり」という言葉から始まります。**宝は、物やお金ではなく、人の価値。道心というのは、利他行をする心で、その心をもつ人が国の宝だと、説いているんです。**

＊**自利と利他**
自分が修行で得た功徳は自分で受ける（自利）。他人を救うために尽くす（利他）。大乗仏教は両者の両立を目指す。

＊**戒壇院**
授戒のための聖域。最澄は、一部エリートだけに受戒が許された旧仏教の戒壇ではなく、幅広い人材に受戒を許す「大乗戒壇」を設立するため、奔走。最澄の死後7日後に設立許可が下った。

各宗派の祖師が天台の教えから離れたのも、最澄様の志の形

松崎　最澄様ってどんな方だったと思いますか？

谷　最澄様の遺言は「私のために仏をつくってはなりません」「私のために経を写してはなりません」「私の志を述べなさい」。**仏教を伝える方法には仏像も写経もいろいろあるけれど固執してはいけない。**教えを伝えることが重要で、そこに「最澄様のために」という思いもいらないということです。最澄様は人材を育成し、天台教学をつなげていくことが大切だと考えていたのでしょう。そしてその目的も利他です。天台教学をひとりで猛勉強し亡くなった方より、その教えをほかの人に伝えた人のほうが素晴らしいんだよ、ということなんだろうと捉えています。

そう考えると、***他宗の祖師様が天台教学の学びの場である比叡山を下り、民衆に仏教を伝え広めたのも理解できます。各祖師様は最澄様の教えを具現化した方々。最澄様は「比叡山を下りやがって！」なんて思っていないはずです（笑）。**

祖師 最澄

最澄（さいちょう）

767～822年。19歳のとき東大寺で授戒。国の機関（国分寺）に進まず、比叡山で修行を続ける。新仏教を求めた時の桓武天皇の命により、遣唐使として留学。その後、法華経を中心とした大乗仏教のさまざまな教えをとり入れた天台宗を創設。没後に伝教大師（でんぎょうだいし）の名を天皇より贈られる。

松崎　比叡山にのぼると、天台の教えから離れた法然上人や、うちの宗祖である親鸞聖人の御影がまつられ、みなさん手を合わせる。天台宗の方はどう思っているのか不思議でした。

谷　私たちは今でも各祖師様に読経し、祈りを捧げます。それは最澄様の志の形だと理解しているからです。

松崎　すごいな、天台宗。懐が深いですね！

谷　各宗派の祖師様が出られたことからわかるように、天台宗には大乗仏教の教えがいろいろあります。大別すると顕教と密教。この両面があるところが特殊なところでしょう。

顕教は、法華経などを読経し、自分の行いを反省（懺悔）し、罪を悔い改める（滅罪生善）。密教は、いろいろな密教儀礼があります。葬儀や授戒も密教儀礼です。基本的に密教は秘行。そのときに習う以外では習うことができず、自己流でやることも許されません。顕教は日常のお勤めで、密教は修行として学びます。

松崎　天台僧になるための最初の60日の行も密教ですか？

＊**他宗の祖師様**
比叡山で学び、新たに宗派を興した名僧は多い。とくに鎌倉仏教の祖師である法然（浄土宗）、栄西（臨済宗）、道元（曹洞宗）、親鸞（浄土真宗）、日蓮（日蓮宗）は比叡山出身。

谷　初日は回峰行。「これから行に入らせていただきます」と延暦寺のすべてのお堂をお参りします。前行の30日は顕教で、朝のお勤め、坐禅、食事、薪割り、水くみなどの日常作務や天台座学などで僧侶としての心構えを学びます。これは密教を学ぶための基礎づくりですね。

後半の加行の30日は密教。一日中お堂にこもったり……秘行を学びます。そしてまた回峰行をして、仏様に行を終えることをご報告します。

松﨑　鎮護国家としての役割を担うような行事もありますか？

谷　ええ、山王礼拝講*(さんのうらいはいこう)や御修法*(みしほ)など、天台宗は神道と一緒に行う行事は多いですね。**明治時代に神仏分離が進められましたが、天台宗では今でも神仏合同の祭事があり、鎮護国家の意味合いがのこっています。**

浄土真宗さんは法則*(ほっそく)、表白(ひょうびゃく)に神様のことは入りますか？

松﨑　絶対ないです！

谷　天台宗は神様のことを含めるんです。釈迦牟尼如来*、阿弥陀如来、薬師如来と仏様の名前をよむのと一緒に神様のことをよみます。

松﨑　親鸞聖人の書物に、神様を意識した言葉は出てきます。でも、神

＊**山王礼拝講**
毎年5月26日、比叡山のふもとの日吉大社で行われる。延暦寺の僧侶が出仕し、神前で法華八講の法要を行う。

＊**御修法**
天皇の衣を加持（災いを払い、祈祷する）。皇族の健康を祈願する。

＊**法則、表白**
法会・儀式の内容や趣旨を述べるもの。

＊**如来**
悟った仏様の呼称。

様には用事はありませんよ、という意味で使われています。「いる」ということを意識する文言なのは、聖人が比叡山出身だからなのでしょう。

谷　**天台宗では、神様は仏様と横並びで、排するものではないんです。**

宗教は祈りであり救いであり、共生であるべき

谷　天台教学は、とにかく幅が広い。禅宗なら坐禅を中心に、浄土系なら念仏を中心に作法が広がる。でも天台教学はもりだくさんです。

各祖師様は、その時代の大衆に合わせた救いを説いた方々です。前例主義を捨て、今必要な教えを天台教学からピックアップし、大衆に広めた。ひとつの教えのプロフェッショナルだと思います。

天台宗はプロフェッショナルの反対側にある宗派です。**全部の教えを網羅するのは難しく、それは組織として行えばいいと考えます。**

きっとプロフェッショナルではついていけない人も出てくるでしょう。たとえばこのダイエットではやせられたけど、あの方法だと無理だった、とかありますよね。**天台宗には、ほかの方法もある。個々の知識は薄く**

こぼれ話

●ストレスはある？

差別問題、DVや虐待……ニュースを見ると滅入りますね。

また、外に出る活動が多く、檀信徒さんのお話をきちんと聞けなかったりして反省が多いです。

●解消法は？

バスケです（笑）。中高バスケ部なんです。体を動かすのもいいのですが、バスケ仲間は僧侶としての私を意識せずにつき合ってくれる。ただのひとりとしていられる時間は大切ですね。

ても、組織として幅広く教えをもっている。だから、誰でも自分に合う教えを見つけることができる。柔軟性が、天台宗らしさです。

松﨑　天台宗が日本仏教に与えた大きさというものがありますね。

谷　他者を排除するというのがいちばんやってはいけないことです。基本的には宗教は祈りであり救いであり、共生であるべきだと思います。**他人とともに生きているからこその自分なんです。**

他宗派、他宗教を受け入れ、尊重し、認め合う。天台宗は一緒にやろうという姿勢を示します。宗教サミット*はそれを具現化したものですね。

松﨑　比叡山で開催するなら、全宗派が納得しますものね。

未来仏である阿弥陀様のもとへ往生する

松﨑　最後に、檀信徒さんへの法要について教えてください。

谷　**お経をよむ顕教と、僧侶自身が仏に近づき、仏の力を借りて何かを叶える密教とが融合した法要を行います。**天台宗の葬儀*では、密教による作法が含まれます。参列者にはお坊さんの背中しか見えないのですが、

＊**宗教サミット**　1987年以来、比叡山では宗教サミット「世界宗教者平和の祈りの集い」を開催。宗教宗派を超えて比叡山に集う。

＊**天台宗の葬儀**　授戒し、仏弟子になる儀式。この世を離れ、49日間かけて極楽浄土に往く。お迎えにきた阿弥陀様と二十五菩薩に導き、お守りをお願いするのが、僧侶が渡す引導。遺族はその旅路の導きと成就を仏に祈る。

仏具を使い作法したり、手で印を組んだりしています。

松﨑　亡くなると阿弥陀様の極楽浄土に往くと説くのですか？

谷　**比叡山には、現在（薬師如来）の世界を表す東塔、過去（釈迦如来）の世界を表す西塔、未来（阿弥陀如来・観音菩薩）の世界を表す横川という三塔があり、亡くなると未来仏である阿弥陀様の極楽浄土へ、というのが昔からの考えです。**葬儀には地域性や、各寺院で何を本尊とするのかも影響しますが、一般的には極楽浄土に往生することを説きます。

私は、葬儀はご遺族のためのものでもあると考えているので、故人が極楽への道を歩むのに際し、悲しみや不安を伝えるのではなく、**みなさんが後ろから支えて応援してください、とお話ししています。**

松﨑　千日回峰行のときに行者さんの様子を、檀信徒さんたちが心配そうに見守っている。その姿に通じるようなところがありますね。

谷　なるほど。満行した行者は仏に成るくらいの方なので、遺族が成仏への道を見守るのに似ているかもしれません。この話、今度から使わせていただきますね（笑）。

教えて！真言宗

行をすることで、誰もがこの身のままで悟れる

蟬丸P（真言宗寺院〈非公開〉住職）

落語家志望の少年が、宗門高校に編入し、在家から出家

松﨑　蟬丸Pさんは2000年代、いち早くネットを駆使して活動を始めた方として有名ですが、もともと在家*出身のお坊さんなのですね。

蟬丸P　実家は精密機械工場を営んでいました。父方はカトリックの修道院にご縁があったり、母方は真言宗のお寺の檀家総代をやっていましたが、信心はとくになかったです。

僧侶になろうと思ったのは15歳のときです。10代から落語家志望だったのですが、酒を飲んで旦那衆にかわいがられないとダメだと言われ、

●蟬丸P（せみまる・ぴー）
1973年神奈川県生まれ。高野山高校卒業後得度。役僧として全国放浪後、四国の寺院に赴任、住職に。SNS、動画配信で学識を示しネット檀家を獲得。著書に『住職という生き方』（星海社新書）など。

Twitter @semimaruP note https://note.com/bouzumekuri

家系的に酒が飲めないので断念しました。家は自営なのでサラリーマンもイメージがわかない。**悩んでいたら、スクーターに乗ったお坊さんが目の前を通り過ぎ、ああこれだと(笑)。着物で話すのは落語家と同じでしょ。**まあ実際には、工場で見てきた貧富や境遇の差別、身近な人の死なども影響しています。

それで、高校2年から高野山高等学校*に編入し、出家したんです。

密教は「全員が悟れる」と断言した最先端の教えだった

松﨑　真言宗*を理解するにはどこから……。

蝉丸P　その前に、宗派を理解するには、思想の流れを理解すべきです。宗派の説明って、たいてい根本の経典は何、宗祖は誰で終わってしまう。**経典が指し示す、当時の仏教思想のムーブメントを知らないといけない。**

まず、最初にお釈迦様が「身分に関係なく人は悟れる」と説きました。しかしお釈迦様の死後、お釈迦様は神格化され、「釈迦レベルしか悟れない」、我々は阿羅漢(あらかん)*レベルまでしか行けない、と思想が変化しました。

*在家
出家に対する言葉。一般家庭のこと。

*高野山高等学校
真言宗宗門で高野山(和歌山県)にある高等学校。宗教科を設けている。

*真言宗
祖師は空海。総本山は高野山金剛峯寺(こんごうぶじ)。

*阿羅漢
初期仏教における最高レベルの修行僧のこと。

そこに大乗仏教（↓62ページ）が生まれたんです。お釈迦様本来の教えに戻れば「誰でも悟れる」のだから、教えが書かれた経典を信じて唱えれば一般人でも悟れる、というのが初期の大乗仏教なのです。

西方から中国へ、仏教の経典がどんどん持ち込まれていきます。でもそれはたとえば『ジョジョの奇妙な冒険』20巻が届いたあとに、1巻が届き、次に15巻が届くというような感じなのです。**思想の流れを無視して輸入されたものを解読しなければならない。当時の隋（ずい）の僧侶も悩んだんでしょうね。それで中国天台宗の開祖智顗（ちぎ）*が、お経のなかでいちばん大事なのは法華経だ、と、初めてお経のランクづけをしたのです。**

この流れの最後に輸入されたのが「密教」です。「悟り」は、お釈迦様が気づいたことかもしれないけれど、この世界でお釈迦様が悟った「真理」とは、お釈迦様以前からも以降も存在するもの。**密教では、悟り、真理こそが「大日如来*」であり、誰しもが大日如来の顕（あらわ）れのひとつである、と説いている。**「釈迦レベルでないと悟れない」という否定の世界から、すべてが悟りの顕れだとする全肯定世界へと一変したのです。

***智顗**
中国南北朝時代～隋の高僧で、中国天台宗を創設。法華経などを講義した。

***大日如来**
真言密教の根本本尊で、法身仏（ほうしんぶつ・真理、悟りそのもの）。すべての仏（如来、菩薩、明王、天）は大日如来の化身（姿を変えたもの）だと考える。釈迦如来も人々に教えを説くため、大日如来が姿を変えたものだと考える。

松﨑　密教は中国の最先端の仏教思想だった！　それを日本に持ってきたのが遣唐使として中国に渡った最澄様、空海様だったわけですよね。

蝉丸P　当時の日本には独自の仏教の流れがあり、南都六宗は大乗でも人によって悟れる悟れないがあるという見解でした。そこに最澄・空海が最先端の密教を持ち込み、喝破した。だから**天台宗・真言宗以降の日本仏教が、「全員悟れる」という思想を根底にして発展していったのです。**

バラエティーに富む教え、天才以外は学び尽くせない

蝉丸P　密教は日本仏教思想史のエポックメイキングでした。それまでの日本仏教は、輸入品を扱うインポートショップだった。**最澄様の天台宗、空海様の真言宗というのは日本初の国産仏教総合百貨店なんです。**

総合百貨店だから、品数が多い（笑）。この2宗派は、必ず大乗仏教のバックグラウンドにある仏教思想史をすべて修めないといけない。そうしないと密教は学べません。前段階なしで学んでも、意味も効果もないのです。でもすごく大変。よほどの天才でないと学び尽くせません。

豆知識

初期の日本仏教

飛鳥時代に仏教が伝来以降、日本で仏教は土着化。戒律を守らない僧がはびこっていました。

奈良時代に唐から渡来した鑑真により、僧侶の戒律が整いましたが、その後は鎮護国家の呪術的な祈祷と、教義研究のみ。人々の心の救済という側面は失われていました。

それなら教えを絞ったほうが効率はいい、というのが鎌倉仏教なんです。**法華に絞った日蓮、坐禅に絞った道元、往生の法然、その発展形の親鸞……。総合百貨店よりも一点突破のセレクトショップなんですよ！**

空海様はコミュニケーションの化け物！

松﨑　平安仏教をつくり上げた**空海**様と最澄様の関係というのは……。

蝉丸P　おふたりのいろいろについては『阿吽*(あうん)』を読めばわかる（笑）。まあ、同じ遣唐使でもエリート秀才僧の最澄様と、無名で経歴も不明、でも天才肌の空海様という対照的な構図がありますよね。

空海様は密教の秘奥を極めた恵果*(けいか)和尚から法を授かり、密教を体得しました。**空海様の教えをわかりやすく表現しているのは「即身成仏(そくしんじょうぶつ)」。この身のままで悟れるということです。**人間も含めて宇宙のすべては、みんな同じ要素を有している。それゆえ大日如来とイコールである。

私たちの煩悩に満ちた身・口・意（→69ページ）の働き（三業）が、大日如来の尊い身・口・意の働き（三密）とつり合いがとれ一体化する

*『阿吽』
月刊「スピリッツ」（小学館）の最澄と空海を主人公にした漫画。おかざき真里著、阿吽社監修・協力。

*恵果
唐三代の皇帝に仕えた高僧。晩年、空海の才能を認め、密教の法を伝えた。

空海(くうかい)
774〜835年。国司の息子。優秀で

と、その身そのままの自分の状態で、悟りの世界が目の前に現れます。
　悟るためには行が必須です。それまでの日本仏教は経典研究が中心で、行という考え方自体ありませんでした。空海様は、**経典を読むだけではダメで、自分で体験をするという「行の身体性」を重視しました。**

松﨑　空海様ってどんな方だと思いますか？

蝉丸P　ひと言でいうとコミュニケーションの化け物（笑）。空海様は地方公務員の家に生まれた、何の後ろ盾もない青年なのに、名だたる人々とつき合い、外国に渡り、密教のトップに認められ、教えを伝授された。シンデレラストーリーですよ。**もちろんそれができるだけの語学力も対話力ももち合わせていました。天才か、一歩間違えば山師（笑）。**

松﨑　突出した能力の持ち主ですよね。

蝉丸P　突出しすぎていて測りかねるところもあるほどです。
　最澄様は秀才型だったから、不足があれば弟子たちが補ったのでしょう。弟子はそうやって育っていきます。だから、その後の天台宗の発展があったし、数々の祖師も生まれたのです。逆に空海様は天才で、突出

大学進学するが、貴族主義に反発し中退、出家。山岳修行を経て、経典研究を進め、31歳で遣唐使として唐へ。恵果に入門し、密教の正当な法を授かる。
帰国後、嵯峨天皇との親交を深め、密教の道場「教王護国寺（きょうおうごこくじ）」や庶民の学校「綜芸種智院（しゅげいしゅちいん）」を創設。紀州（和歌山県）高野山金剛峯寺にて逝去。没後に弘法大師（こうぼうだいし）の名を天皇より贈られる。

しすぎていたがため、弟子はあまり育ちませんでしたよね。

行の中心はビジュアルイメージをともなう瞑想

松﨑　行というと、滝行みたいなものをイメージしますが……。

蝉丸P　真言宗の行*はいろいろあります。中心となるのは「観想（かんそう）」。眼前に仏様がいることをイメージする。自分のなかに仏様が入り、また自分が仏様のなかに入り……とビジュアルをともなう瞑想をします。

ここでいう仏様とは、超越者ではなく、教えの顕れ。それが象徴するところを理解し、真言を唱え、ビジュアルイメージを使い、教えと同一化する。「入我我入（にゅうががにゅう）」*という特殊な瞑想法を学びます。

松﨑　瞑想というと、禅宗の坐禅などとはどう違うのですか？

蝉丸P　坐禅やマインドフルネスは、注意を分散・集中させ、心のざわめきを落ち着かせる。人間の作為を除き、現前の瞬間に気づかせる。

私たちはつねに何らかの刺激を受け、心はざわめいていますから、まずしずめなければなりません。でも、これはあらゆる瞑想の基礎中の基

＊**真言宗の行**
よく知られているのは「三密加持（さんみつかじ）」。人間の三業と仏様の三密が一体化するための行で、印を結ぶ（身）、真言のお唱え（口）、観想（意）がある。

＊**入我我入**
仏様の身・口・意が、行者に入り込み、行者の身・口・意が仏様に入り込んで一体化すること。

礎なんです。**仏教の基本的な瞑想は「止観（しかん）」といい、心のざわめきを止める「止」と、対象を観察する「観」をセットで行います。心をしずめたら、自分を対象化して観察していく。**この身は永遠か否か、意識はどこから起こるのか、縁起とは何かと深く見つめていくのです。

観想では、そのうえで仏様のイメージで自分をいっぱいにしていくわけなので、無我の坐禅とは違うのです。禅は中国の無為自然を説く老荘思想の影響がミックスされた行だと考えたほうがいいでしょうね。

松﨑　行は出家しないとできないのですか？

蝉丸P　原則は誰でも悟れるといっても、既存の教えを学ばなければいけませんから出家は前提条件です。**お坊さんが檀信徒さんに真言*を授けたり、阿字観*（あじかん）という簡略化した観想を指導したりすることはあります。**ただ、人によって性質や段階、合う合わないがありますから、そこを見極めないといけない。

行は独学でやってはいけません。必ず師について教わります。今のご時世、真言宗の行の書物を買って読むことはできますが、肝心なところ

＊**真言**
サンスクリット語のマントラ。仏様を象徴した文字。真言のお唱えは三密加持の口密。

＊**阿字観**
大日如来を表す真言（梵字）が書かれた掛け軸を眺め、段階的に仏様を感じていく。三密加持の意密。

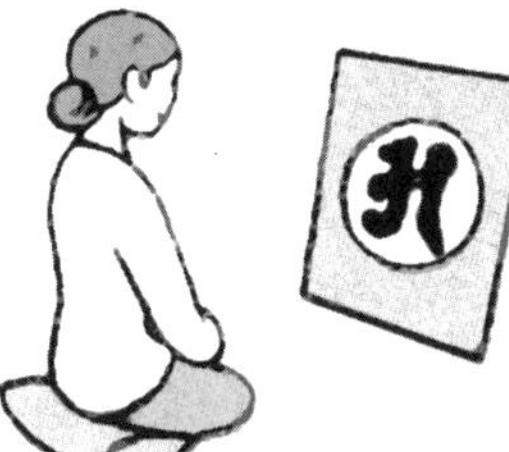

は口伝なんですよね。勝手にやると魔境に落ちるといわれます。

死んだら自分に縁ある仏様のもとへ

松﨑　真言宗の儀式にはどんなものがありますか？

蝉丸P　灌頂(かんじょう)*の儀が特徴的ですね。真言宗は儀式をとても大切に考えます。**教義を頭だけで理解できる人はまずいません。儀式という形で体験と知識が心に追いついて、そこで深く体得するという流れが儀式にはあります。**なかでも結縁灌頂(けちえんかんじょう)*は檀信徒さんでも体験できます。

松﨑　目隠しして花を曼荼羅(まんだら)に投げ、自分の仏様を決めるんですよね！

蝉丸P　すべての仏様は大日如来の化身ですから、真言宗では拝む仏様が無数にあります。**自分で選び決めないとならず、これは人によっては重荷です。**とはいえ今は、どこに花が落ちても確認できず、中央の大日如来様に持っていかれるので、結局は自分で選ぶことになるんです（笑）。

松﨑　儀式といえば葬儀も儀式ですね。どんな意味がありますか？

蝉丸P　葬儀は、僧侶が亡くなった人を浄土*に送り出すために引導(いんどう)を渡

*灌頂
阿闍梨（あじゃり）と呼ばれる高僧から頭の上に法水(聖水)を注がれる。結縁灌頂（左）、戒を授かる授戒灌頂、真言を授かる持明灌頂など。

*結縁灌頂
大日如来を中心に諸仏が示された曼荼羅に、花（シキミ）を投げ、自分の守り本尊を決める（投華得仏・とうげとくぶつ）。

*浄土
仏様の主宰する世界。仏国土とも。阿弥陀如来は極楽浄土、薬師如来は瑠璃光（るりこう）浄土とそれぞれが世界をもつ。

す場です。亡くなってから49日までは中陰（ちゅういん）（↓191ページ）といい、体の働きは止まっていても、心は働いている、サッカーのロスタイムみたいな時間。その間に受戒し、仏弟子となり、仏様としっかり縁を結び、いずれかの浄土に向かう道筋をつくり、そこに行けるように引導を渡します。

僧侶が執り行う葬儀は、生きている人のためのものではありません。**故人が輪廻の苦しみから抜け出し、縁を結んだ仏様の浄土に生まれ、確実に仏道に励めるように送り出す「儀式」なのです。**生きている人が慰めを得て故人をしのぶのは、葬祭。祭りの部分で慰めを得るんですね。

この「死んだらいずれかの浄土に送り出す」という基本システムが定まったのが、天台宗、真言宗です。それ以降は、宗派の特徴によって赴く浄土が限定されました。たとえば、法然様の浄土宗では、阿弥陀様が主宰する極楽浄土に限定した。だからそれを踏襲した親鸞様の浄土真宗でも、生まれ変わる先が極楽浄土なんです。

松﨑　極楽往生と密教が、ここでもつながるんですね。今回は、蝉丸Pさんに差しで特別講義をしていただいた感じです。

こぼれ話

●真言宗のお坊さんには霊的な力を使う人もいる？

伝統的に山伏、行者などの祈祷系の人たちがいて、土着の拝み屋さんみたいな人も真言宗では多いですね。

教えの幅が広い分、人材の幅も広いんですよ。

みんなの幸せが私の幸せとなる生き方を目指す

渡邊晃司（浄泉寺副住職）

僧侶は職業ではなく生き方だと教わった

松崎　地元北九州のお坊さん同士、以前からおつき合いさせていただいていますが、なぜお坊さんになったのか伺ったことはなかったですね。

渡邊　私はお寺生まれですが、**父からは「僧侶は職業ではなく生き方。だから、あなたのやりたいことを一生懸命にやりなさい」と言われて育ちました。**10代の頃は建築士にもなりたくて進路を迷っていました。

松崎　世襲が多いなかで、お父様は僧侶になることを強制しなかった？

渡邊　そうですね。たぶん父がもともと一般家庭で育ったことと関係し

●**渡邊晃司**（わたなべ・こうじ）
1985年福岡県生まれ。浄泉寺（北九州市）副住職。立正大学仏教学部卒業後、4年間の僧道生活を経て浄泉寺に戻る。「お坊さんとティータイム」「僧侶バー」などユニークな布教活動を行う。

寺子屋浄泉寺 FB　https://m.facebook.com/T.Jousenji/

ていると思います。
じつは浄泉寺は、私の祖母が興したお寺なんですよ。

松﨑　おばあ様が尼さん？　お寺を建てたんですか？

渡邊　祖母は、妙法蓮華経*とお題目*との出会いで救われ、その縁で日蓮宗*の僧侶になったそうです。「お題目の教えを弘める道場をつくります」と仏様に誓願し、信者さんとともに浄泉寺を興しました。祖母には、今でいう霊感のような不思議な力があり、救いを求めて訪れる人の悩みを聞き、寄り添ううちに、自然と祖母を慕う人たちの集まりができたそうです。

しかし、お寺が建って間もなく、祖母は体調を崩してしまいます。まだ僧侶になりたてだった父は、お寺を存続させていくのにとても苦労し、一時は僧侶をやめて働きに出ようかと悩んだようです。でも、ここで逃げ出してはいけないと思いとどまり、よりいっそう日蓮聖人、**法華経の教えに向き合い、信仰のなかに生きるようになったそうです**。私は父のそういう真っ直ぐな姿に、どこか僧侶への憧れを覚えたのだと思います。

***妙法蓮華経**
法華経の正式な題名。

***お題目**
妙法蓮華経の5字、さらにそこに帰依する意味の南無がついた南無妙法蓮華経の7字の文言を指す。法華経のタイトルの意味から題目と呼ばれる。

***日蓮宗**
祖師は日蓮。総本山は身延山久遠寺。

お題目にお釈迦様の悟りと功徳が凝縮されている

渡邊　日蓮宗の信仰の中心は法華経の教えです。日蓮聖人を法華経の教えをわかりやすく伝えてくださる方だと受け止めると良いと思います。

お経を読むだけで、その内容を理解することは非常に難しいです。日蓮聖人がお書きになった書物やお手紙を通し、法華経の教えを学び、日々の暮らしのなかでその教えを実践していく。そうすることで、**ひとりひとりの生き方が「本当の幸せ」を求める歩みになる。みんなの幸せを考え、みんなと一緒に幸せを実現させていくのが、日蓮宗の信仰です。**

日蓮宗では「南無妙法蓮華経」というお題目をくり返し唱えます（唱題(しょうだい)）。お題目には、お釈迦様の悟りと功徳が凝縮されており、唱えることでそのすべてが自然と譲り与えられると私たちは信じています。仏様の御心が自分のなかに流れ込んでくるイメージともいえるでしょうか。

松﨑　お経のタイトルをよみ上げているわけではないんですね。

渡邊　法華経自体を仏様と受け止め、一心に帰依していく。法華経には

豆知識

五種の妙行

日蓮宗では、お経には経力（きょうりき）があると考えます。法華経には、受持、読（どく）、誦（じゅ）、解説（げせつ）、書写（しょしゃ）という5つの修行が示されています。

また、お題目をくり返し唱える唱題行（しょうだいぎょう）はもっとも大切な行のひとつです。唱題行では太鼓を使います。声と音とリズムによって心は集中統一され、心身ともに清浄となっていきます。

「すべてのものが仏に成れる」と説かれています。みんなを成仏へと導くために、仏様の働きかけがあります。妙法蓮華経を受持する（信じ実践し続ける）ということは、自身が成仏できることを疑わず、仏に成ることを目指し、同時に他者の成仏を信じ、その相を観るということです。

今、**目に見える姿は仏ではなくても、自分も相手も仏になれると信じること。仏様と同じ心（仏心）で向き合うことができたなら、怒りや憎しみや妬みはきっと収めていけると思うのです。**

法華経には、**お釈迦様がこの世に出現された最大の目的が示されています。それは、「誰もが成仏できるということをみんなに自覚させ、ともに成仏を目指すことを促し導いていくこと」です。**

私たちの心のなかには、仏様と同じ心を育むことのできる心田があります。お題目は、その畑に蒔く「仏心の種」であり、発育に必要な養分です。種を蒔き、眠った種に刺激を与え芽吹かせる。芽吹いたら、育ませ、花開かせていく。まだ種が蒔かれてない人がいれば、種を届けてあげる。植物は水を与えるなどして栄養が行き渡れば成長します。育てる

唱題行

人が、成長のしくみを理解していなくても、自然と芽は出て花が咲きますよね。**これと同じように、日蓮聖人は、お題目の教えを信じ、素直に唱えることで、私たちの仏心が育まれていく、と説かれています。**

松﨑　唱えることがもっとも重要なんですか？

渡邊　仏教の行は、身・口・意（↓69ページ）での実践です。唱える口行。信じる意行。そして教えに沿って行動する身行です。

私は、日蓮宗とは関係なくても、誰かのお役に立つような生き方をしている人に出会うと「ああ、この方はお題目を身で唱えている人だ」と感じます。「唱える」とは、決して声に出すことだけではないんです。

松﨑　生活のなかで仏教的な歩み方ができるようになるんですね。

渡邊　そう思います。宮沢賢治*さんは法華経を学び信仰した方で「世界がぜんたい幸福にならないうちは個人の幸福はあり得ない」との言葉をのこしています。個人と全体が等しく結ばれるのが、法華経の世界観であり、大乗菩薩道*です。自分だけが悟ればいいでは阿羅漢（↓115ページ）止まり。他者への慈悲の働きかけがあって初めて成仏はあるのです。

***宮沢賢治**
詩人、童話作家として『春と修羅』『銀河鉄道の夜』などさまざまな作品を生み出した宮沢賢治は、10代の頃から浄土真宗や法華経などの仏教思想の影響を受けた。とくに最愛の妹の死後は日蓮の思想に傾倒した。

***大乗菩薩道**
大乗仏教（↓62ページ）の修行者（菩薩）として、自利利他（↓107ページ）の行を実践していくこと。

松﨑　これおいしいから食べなってお菓子をくれるおばさんを思い出しました（笑）。ほうっておけないんですね。

渡邊　ただ、その働きかけは強要とは違います。日々の生活のなかで各々ができることを成してお役に立っていく。生き方にお題目の信仰をしみ込ませていけば、世界の全体幸福に近づいていくと私は信じています。

日蓮聖人はこの世を浄土に変えようとした

松﨑　日蓮聖人といえば、「立正安国論（りっしょうあんこくろん）」で、天災が絶えず、国が乱れるのは法華経を信じないで、お念仏なんぞを称（とな）えているからだ！　と念仏批判をした、とにかく激しい方だという印象があります。

渡邊　そのような印象をもたれている方は多いと思います。日蓮聖人は、**つねにその教えが「今、このとき」必要な教えなのかを問うていました。**地獄のようなひどい乱世において、この世での救いを諦め、阿弥陀様を頼り専修（せんじゅ）念仏（→157ページ）で来世の極楽往生を願うのは間違っている。今こそ私たちが正しき心をもち、ひとりひとりの正しい行いによって社

祖師
日蓮

日蓮

1222～1282年。漁師の子として生まれるが出家し、比叡山を拠点に各地で諸宗を学ぶ。32歳で宗を興し（立教開宗）、鎌倉で民を中心に布教。39歳で『立正安国論』を記し、最高権力者北条時頼に奏進。その後何度も幕府に諫言（かんげん）し、弾圧を受ける。晩年は身延山（山梨県）に草庵を結ぶ。

会を安穏な国にしていかなければならないはずである、と当時の念仏信仰の在り様とそれを弘めた法然上人を非難しました。**「この世を憂いて、あの世に救いを見出すのではなくて、この世を浄土に変えていこう。それが法華経の教えであり、その正しさは法然上人もご存知でしょう」**と。民と国を思うが故の止むに止まれずの非難だったのです。

法華経こそがお釈迦様の本懐であり、そのことを知りながらも、法華経をないがしろにするのは大きな「罪」であるとおっしゃったのです。

松﨑　日蓮聖人にとって法華経とは微塵の疑いもないお経だった?

渡邊　日蓮聖人は、数多ある経典の教えから真実の正しい法を探し求め、最終的に法華経にたどり着きました。すべての疑問への答えが法華経にはあったのでしょう。私たち凡夫には仏様の深遠なる智慧の内容を理解することはできません。**日蓮聖人は、法華経を信じ実践することで、自然に仏様の智慧をいただくことができると受け止められ、お題目受持の大切さを強く訴えていきました。**

松﨑　門徒さんから日蓮宗の*施本（せほん）を渡されたことがあります。友人から

こぼれ話

●日蓮宗って、熱いですよね！

命を生き抜く力強さを説くからでしょうか。私は信仰を通じて、つねにあなたの役目は何か？　と問われているような気持ちになります。だから誰かの役に立ちたいという思いがわくのかもしれません。

そういう熱量が法華経のなかにあり、さらに日蓮聖人が加わるから余計にボルテージが上がるんです（笑）。

「読んでみろ」と勧められたとか。他宗の人にも施本を渡し、法華経を勧める日蓮宗の檀家さんの信仰の強さに驚きと感動を覚えたんです。

渡邊　そのようなことがあったのですね。法華経には、法華経の実践者は如来使であると示されており、我々は仏様の使いとしての自覚と行動が要請されていると受け止めているからですかね。

松﨑　なるほど布教への使命感はそこからもきているのですね。

ご本尊の掛け軸はみんなが仏に成る世界観を顕したもの

松﨑　日蓮宗のお寺ではご本尊に何をまつるのですか？

渡邊　一般的には、「大曼荼羅（だいまんだら）」と呼ばれる掛け軸をおまつりします。中央に南無妙法蓮華経とお題目が書かれ、周囲に諸仏諸尊の名が連なっています。法華経に示される＊久遠本仏（くおんほんぶつ）の説法の場を図に顕（あらわ）したものです。

松﨑　久遠本仏は大日如来（↓116ページ）と似た性質の仏様ですね。

渡邊　世界観は似ていますね。法華経では、久遠本仏は無始無終の永遠性のある仏様で、他の諸仏はすべて分身。仮の姿となり、いろいろなと

＊施本
檀信徒、門徒向けの入門書。

＊久遠本仏
法華経の「如来寿量品第十六」という章で顕された仏様。如来寿量品が説かれるまで、人間釈迦であり、生まれ滅する存在だとされていた。しかし第十六に至って、じつは昔から成仏しており、仮の姿でこの世に現れていたことが示され、久遠の昔から久遠の未来まで常住の仏である（久遠本仏）と定義された。

ころに赴き、教化しているのだと説かれています。法の本体である久遠本仏が、南無妙法蓮華経のお題目の相をもって我々の前に現れます。そして、久遠本仏（お題目）の光に照らされ、諸尊含めみんなの仏への道が開かれ、成仏に至るのです。お題目を中心に、みんなが仏に成っていく世界観を顕したものが、日蓮宗の大曼荼羅です。

日蓮宗のお寺では、大曼荼羅を掲げ、そこに書かれている尊像を安置します。いろいろな尊像が並ぶなか、中央に日蓮聖人の座像を安置し、法華経にある説法の場を表現します。**お寺の本堂（道場）では、時空を超え、日蓮聖人と私たちが一緒に法華経を聴聞しているのです。**

日蓮聖人は、多くの迫害を受けていたため、たくさんの尊像を持ち歩くことが難しく、それ故に文字でご本尊を顕されたのかもしれません。**紙と筆があれば、信者さんにご本尊を授けることもできますしね。**

お経をよむ功徳が、のこされた人々の仏心を育む

松崎　日蓮宗では人は亡くなるとどうなると説きますか？

＊**教化**
仏の教えに導いていくこと。

＊**迫害**
日蓮は『立正安国論』執筆以降、幕府に弾圧、流罪の刑に処されたり、念仏信者から襲撃を受けたりしている。
しかし法華経には、法華経を弘めるものは必ず難（法難）にあうと書かれているため、そうした迫害・弾圧も法華経の正しさの証明だと捉えた。

渡邊　霊山浄土（りょうぜんじょうど）*というお釈迦様の浄土に往詣（おうけい）*します。葬儀は、亡くなった方を浄土に送り出し、その旅立ちを見送る儀式です。**僧侶は、亡き方にこの世での生の終わりを告げ、その心を慰め、浄土へと向かう引導を渡す役割を担います。お釈迦様、日蓮聖人の弟子としての名前である法号*を授け、お経文と日蓮聖人のお言葉によって安心を与え、亡き方が迷わずに浄土へとたどり着けるよう、お題目と法華経で導きます。**

私は、法要のときにはなるべくお経本を配り、お経をよむ意味を伝え、一緒によんでもらうよう心がけています。お経の功徳は、目に見えるものではありませんが、ちゃんと積み重なり自分の仏心を育んでくれます。ですので、お経は僧侶にお任せしていれば良いということではありません。みんなで継続し供養していく。すると、その供養の行いが、また功徳になっていきます。**仏様やご先祖様、亡き方に手を合わせるなかで、みんなで一緒に仏に成っていくのです。**

松﨑　先祖供養も我々の成仏を助けるものなのですか。日蓮宗の教えには、つねに法華経のなかの他者への思いやりの心を感じさせますね！

＊霊山浄土
お釈迦様も久遠本仏の分身であるので、久遠本仏の浄土でもある。

＊往詣
浄土に赴き、本仏を拝すること。

＊法号
日蓮宗では仏弟子になる際の名前を法号と呼ぶ。お題目の受持（信）は、戒より強力。戒は外から与えられたルールだが、「信」は自発的な行為なので、自ずと保たれるものだと考える。

教えて！臨済宗

意味づけや見返りを捨て、自分を見つめ、答えを探す

細川晋輔（龍雲寺住職）

●細川晋輔（ほそかわ・しんすけ）
1979年東京都生まれ。臨済宗妙心寺派龍雲寺（東京都）住職。佛教大学卒業後、妙心寺専門道場にて修行。花園大学大学院仏教学専攻修士課程修了。臨済宗妙心寺東京禅センター副センター長。NHK大河ドラマ『お

友人の死が願心のきっかけに。9年間を道場で過ごす

松﨑　おじい様が松原泰道（まつばらたいどう）*さんでいらっしゃるんですね。

細川　僕はその孫にあたります。家はお寺、親戚もお坊さんが多く、大学を出たら修行に行き、お寺を継ぐのが既定路線でした。よく寺の子どもは願心（がんしん）*がないと言われますよね。在家出身のお坊さんは思うところがあり出家という過程を踏みます。僕は、流れのまま道場に行ったんです。

松﨑　どのくらい修行をされたんですか？

細川　臨済宗*では3年修行をすれば将来住職になる資格を得ることができで

龍雲寺 HP　http://ryuun-ji.or.jp/

きます。でも、4年目に大切な友人のひとりが亡くなりました。僕はその死を受け入れられなかった。「なぜ」という疑問と後悔に襲われました。
もっと禅の修行を究めたら、彼の死が受け入れられるようになるのだろうか。1000問あるといわれる禅問答（公案（こうあん））を全部解き明かすことができたなら、その答えにもたどり着けるのだろうか。恥ずかしながら、これが僕にとっての願心の始まりでした。結局、トータルで9年間道場にお世話になりました。

松﨑　すごい宗教体験でしたね。

細川　死というものを自問自答しました。結局、**つねに彼のことを思い返し、今できることをしっかりやれば、僕のなかで彼を生かし続けられるという思いに至りました。**9年目でやっと気づいたことです。

意味を超えた言葉で思いを断ち切る

松﨑　お釈迦様の時代から人の心はあまり変わっていないのでしょうね。

細川　死は何かを考えさせます。僕は葬儀も死を教えてもらえる場だと

んな城主直虎』『麒麟がくる』で禅指導を担当。著書に『人生に信念はいらない〜考える禅入門〜』（新潮社）などがある。

＊**松原泰道**　臨済宗妙心寺派教学部長を務め、100冊以上の仏教書を執筆。『般若心経入門』（祥伝社）で仏教書ブームの火付け役に。2009年101歳で逝去。

＊**願心**　悟りを得て、衆生を救いたいと願う心。

＊**臨済宗**　栄西が伝える。複数の派があり、最大規模は妙心寺派。

思うんです。禅宗は、本来修行に重きが置かれるのですが、江戸時代に入り、**僧侶（導師）が故人の人生を偈文（げもん）でよみ上げる（引導法語）現在の葬儀の形ができ、葬儀中に「喝（かつ）」*等を大声で発するようになりました。**

松﨑　葬儀のときに言うのですか？

細川　はい。法号を与え、いったん静かになったところでカ～ツッて。**喝という言葉自体には意味はありません。言葉を超えた働きで、未練、悩み、苦しみを、喝で断ち切り、仏様の涅槃の境地に導いていきます。**

諸説あるのですが、臨済宗を開かれた臨済禅師（ぜんじ）*のお師匠に黄檗（おうばく）*禅師という高僧がいます。その母上は目が不自由でした。禅師が立ち寄った村に母上がいて、禅師の足を洗ってさしあげたそうです。しかし禅師は修行の身。自分が息子だとは言い出せなかった。母上は「あれは息子だったのかも」と、あとを追い、誤って川で溺死します。そのときに禅師が母上に引導法語を唱えたという故事があるんです。

松﨑　言葉を超えた言葉で思いを断ち切ったのですね。

細川　言葉はどこまでいっても指示語です。「月」という言葉は、月そ

＊**喝**
禅の修行者を、指導者である師家(しけ)が叱るときの声。叱るには「激励」の意味を含む。

＊**禅師**
禅の高僧の敬称。ほかに老師（ろうし）とも。また、修行指導者を師家と呼ぶ。

＊**黄檗**
黄檗希運（きうん）。唐代の禅僧で、臨済の師匠として知られる。

のものではありません。それが指さしているもの。私たちは言葉や意味にとらわれ、指さしているものを見なくなりがちです。禅宗では「不立文字」といい、必要以上に文字に留まらないことが大事だと説くんです。

葬儀は意味づけを手放す時間にしてほしい

松﨑　葬儀のときに、儀式の具体的な意味は説明されるのですか？

細川　僕はなるべく事細かに説明しないように心がけています。

大事なのは「疑問の心」です。臨済宗では迷いがあるから悟りがあると考えます。私たちはこれをしたらこうなると、普段から意味づけしながら生きています。だからこそ葬儀は、意味づけを手放す時間にしてほしい。僕が説明すると、説明の先にあるものを見なくなってしまいますから。

松﨑　理解を超えたその先の世界を見てもらうということですね。

細川　お経の意味がわからなくても、故人との思い出をひとつひとつ振り返り、自分の血肉としていただく機会になればいいなと思っています。

こぼれ話

お寺ってどんな場所ですか？

お寺は少し敷居が高い、非日常の場にしたいと思っています。臨済宗では「非日常」を大切にしています。非日常があるから、日常がわかる。「悟りは、遠くにあるのではなく、私たちのなかにしかない」というのが禅の考え方。日常にある悟りに気づくには、非日常を体験する必要があります。そういう場でありたいんです。

社会とつながろうという願いから、坐禅が対面になった

松崎 臨済宗の教えをどんなふうに説かれていますか?

細川 まず宗旨ですが一器水瀉一器といって、**ひとつのコップからまったく同じ形状の別のコップに、一滴ももらさず教えを受け継ぐというのが禅の家風なんです。秘伝書を渡されるのではなく、以心伝心。**お釈迦様の教えをそのまま受けとる。そこに発展があっても停滞があっても後退があってもダメ。

次に「自分自身が仏となる」。僕は仏を「幸せ」だと考えます。**自分が幸せになることを信じて修行に励む。**日常のなかに本当の幸せを見出し、苦難にくじけず、脚下(足元)を見つめる。足元を見つめるというのは、**過去や未来ではなく、今この瞬間に意識を集中させることです。**

そして多くの人の縁により生かされている自分を痛感し、感謝する。でもそれだけには留まらないところが大乗仏教の大切なところで、最後は世のため人のために尽くしていく。臨済宗は、江戸時代に入り、坐

豆知識

【宗旨及び教義】

お釈迦様の正法(しょうぼう)を受け継がれた初祖・達磨(だるま)大師、さらに宗祖・臨済禅師、妙心寺開山・無相(むそう)大師に及ぶ一流の禅を宗旨とします。

【信条】

自分自身仏であることを固く信じて坐禅に励み、本当の自分に目覚め、どんな苦難にもくじけず、つねに脚下を正し、見つめて暮らしを正し、生かされている自分を感謝しつつ、世のため人のために尽くします。

禅のスタイルが面壁（めんぺき）から対面（といめん）へと変わりました。**壁に向かって坐禅をしていたのが、人と人とが向き合う形に変化した。**これは臨済宗が社会とつながっていきたいという願いの表れのひとつだとも考えています。

心のなかに、きしむことができる柱を立てることを目指す

細川　人と出会わず部屋にこもっていれば、一喜一憂せずに人生を歩んでいけます。一方で**人と交われば、**良いことも悪いことも起こります。**そこで生じる喜怒哀楽の心の振れ幅こそが人生の豊かさで、社会とつながる意味なんです。**

たとえば修行道場では恋愛禁止です。僕は22歳から31歳まで、一度も裏切られたりしなかった（笑）。ニュースも知らない。お金も持たない、使わない。誰かの面倒をみることもない。すると悩みの要素は減り、とってもラク。ですが、はて、このままでいいのか、と。そういう非日常を経て、寺に戻ったとき、日常はまったく違って見えました。

松崎　その喜びや悲しみの振れ幅にも豊かさを感じる！

細川　僕は禅とは「心の柱」に目を向けることであり、悟りとは「きしむことができる柱」だと思っているんです。柱は家の内側にあります。禅の修行は外に目を向けるのではなく、自分の内側にある心の柱を見つめること。そしてその柱は、風が吹いたときにたわみきしむくらいのほうが丈夫で長もちする。強固な柱は、想定外の衝撃で、ボキッと折れてしまいますからね。

きしんで振れる幅の大きさが豊かさ。**楽しいが100、悲しいが100でプラマイゼロになるのではなく、足して200になる。**これが人生の豊かさであり、そう思えるように修行するのが臨済宗の教えです。

白隠禅師が禅問答をカリキュラム化

松﨑　そもそも禅を最初に始められたのは**達磨**大師ですよね？

細川　禅をインドから中国に伝えた禅宗の初祖（しょそ）といわれます。そして達磨大師の教えを受け継いだひとりが**臨済**禅師で、臨済宗の宗祖（しゅうそ）。その教えを日本に持ってきたのが*栄西禅師（ようさいぜんじ）です。ただ当時は他宗の影響も強く、

初祖
達磨

菩提達磨（ぼだいだるま）
5〜6世紀にインドから中国に禅を伝え、禅宗を開いたといわれるインドの高僧。伝説、逸話が多い。

臨済義玄（りんざいぎげん）
中国唐代の禅僧。3年の坐禅後に道を得る。激しい言行は弟子たちによる「臨済録」にまとめられている。

臨済禅師の教えそのままで、現在の臨済宗の基礎をつくったのは、江戸時代の**白隠**（はくいん）禅師で、禅問答をカリキュラム化した方です。

松﨑　禅問答のカリキュラム化とは？

細川　禅問答は1000問以上あり、1000通りの答えがあります。1000問あれば、自分の思いに合う解答も見つかる、よくできた修行法です。ところが時代とともに秘されていた問答が流出するようになり、**自分で考えず、人が出した解答を求める、禅問答の形骸化が起こりました。それをカリキュラム化し発展させたのが白隠禅師です。**白隠禅師やその弟子が公案に順番をつけ、学び方を確立すると、さらに優秀な弟子が増え、教えが広まりました。それが現在の臨済宗につながるのです。

僕は「当処即ち（とうしょすなわ）蓮華国（れんげこく）　此の身即ち仏なり」という白隠禅師の言葉を大切にしています。当処とは今目の前。蓮華国とは最高で最良の場所。今目の前をベストだと思うことができれば、自分は幸せになれる。

この出典の経文は、何かにとらわれ、身動きがとれない「悩み」の状態を「氷」に、自由自在に動き、あらゆるものを潤し、人々のために役

＊**栄西**
鎌倉時代の僧。比叡山で学んだのち、宋に渡り、禅を伝え、日本臨済宗の祖となる。茶の種子も持ち帰り、喫茶を広めた。

中興の祖 白隠

白隠慧鶴（はくいんえかく）
1686〜1769年。江戸中期の禅僧。京都妙心寺第一座（坐禅で第一位に座る人）。つねに民の側に立ち、臨済禅の普及に努め、多くの禅画や公案をのこす。

立てることができる「幸せ」を「水」にたとえるところから始まります。**私たちは重い氷を背負いながら、水を探しに行くようなことをしてしまう。**もっと顔が良かったら、話がうまかったら、博識だったら……。不満や悩みがあるとき、私たちはもっともっとと思いがちです。ここにはないものを探し求める。でも**水が必要なら、ただ氷を溶かし、水にすればいい。今の自分に気づくことができれば、背中に氷が乗っていることにも意識が及び、水を得ることができるでしょう。**今の自分に気づき、それをベストだと思えたら迷いは氷解する、というのが禅師の教えです。

大切なものですら、いざとなったら捨ててしまっていい

細川　**禅の修行は、視点を変え、自分の受信装置の感度を上げ、解像度を上げてくれます。**ただし、坐禅で日常が一変するわけではありません。

梅に桜を咲かせられない。でも坐禅をとり入れると、梅の花をきれいに咲かせることはできる。禅は人生の隠し味的なものだと思います。

何かを達成したくて、お寺に坐禅をしにくる人がいます。でも、技術

こぼれ話

●臨済宗のご本尊は？

うちは観音様ですが、宗派でとくに決まりはありません。大日如来でも阿弥陀様でもお地蔵様でも石ころでもいい。

観音様はすべての人々の苦しみを心で聞き分ける仏様です。観音様の名前を声にすれば必ず救いにきてくださる浄土的な仏様ですが、臨済宗では一歩進み、同時に、自分の心のなかにある仏心を呼び戻すことができると考えます。

の習得を目指すなら、練習したほうが早い（笑）。本当の意味で**禅が生かされるのは、どうしても超えられない一線があるときです。**

松﨑　コスパ重視の世のなかで、集中力や生産性を上げるために坐禅を推奨するような風潮もありますよね。

細川　**禅の修行はむしろコスパという「見返りの方程式」を手放すためにある。得るためではなく、捨てるための時間だと思います。**

「担雪埋井（たんせつまいせい）」という禅語があります。人の努力は井戸を雪でうずめるようなもの。私たちは意味づけや見返りを求め、自分で取捨選択しようと躍起になる。するといろいろなところでひずみが生まれます。

それなら**全部捨ててしまえばいいんです。そして仏様に任せ、祈って願う。そうすればもっと自由におおらかに生きていけます。**

松﨑　禅でも、最後は仏様にすべてお任せするんですね！

細川　仏様とは自己のなかにある微動だにしないもののこと。たしかに自分を見つめても、わからないことだらけ。しかし坐禅や禅問答にとらわれると、独善なります。祈りは独善を戒める。これが臨済宗なのです。

●宗派特有の行事はありますか？

妙心寺派の本山妙心寺（京都）を開いた花園法皇の忌日（命日）には、法皇の好物である納豆入り白味噌汁をいただきます。そうやって600年も同じものを食べ続け、開基様の思いを受け継いでいくのです。

教えて！曹洞宗

坐禅を通じて仏として生活し、仏である自分を証明する

倉島隆行（四天王寺住職）

儀式で先人たちを追体験することでお坊さんになる

松﨑　四天王寺さんは聖徳太子ゆかりのお寺なんですよね。

倉島　四天王寺は大阪と三重にあるんですが、地名にもなっているのは大阪で、私のお寺は三重の津市で曹洞宗。ともに聖徳太子が建立したといういわれがあります。うちは時代とともに法相宗、天台宗と宗派が変わり、曹洞宗になってから54代目の住職が私なんです。

松﨑　生まれたときからお寺の跡継ぎが決まっていた？

倉島　そうですね。小学6年生で得度し、仏道への入門を誓いました。

●倉島隆行（くらしま・りゅうぎょう）
1977年三重県生まれ。曹洞宗四天王寺（三重県）住職。愛知学院大学文学部宗教学科卒業。全国曹洞宗青年会会長、全日本仏教青年会第21代理事長を歴任。伊勢国際宗教フォーラム世話人としてダライ・ラマ14世を招

四天王寺 HP　http://www.sitennoji.net/

父親が私の最初の師匠。得度式では、いったん親子の縁を切って、父と**師弟関係を結ぶのですが、式の最中に私の横に檀家総代のご夫婦が座り、親役を務めてくださるんです。**よくわかっていなかったから、自分は総代さんの家に養子に出されてしまうんだと思って(笑)。ドギマギしていたら、祖父が、親子ではなく師弟になるための手続きだと説明してくれました。それでようやく自分が特殊な世界に入るのだと理解しました。

大学のときに*法戦式（ほっせんしき）という禅問答の試験のような儀式を経て、*永平寺で2年間修行しました。それから見聞を広げたくてヨーロッパの禅寺で修行をしました。そのあとは日本に戻り、晋山式（しんさんしき）を行います。これは住職になる儀式なのですが、檀家さんの家に一泊させてもらうんです。

松﨑　どういう意味があるんですか？

倉島　昔は、遊行といって僧侶は全国を行脚（あんぎゃ）して布教しました。歩いて**旅した先の村人たちに「あんたのような素晴らしい教えをもったお坊さんに、ぜひこの山のお寺に入ってほしい」と引き止められ、偶然そのお寺の住職になるという習わしがありました。**

聘。映画『典座（てんぞ）』（富田克也監督）に出演し、プロデューサーも務める。

***曹洞宗**
祖師は道元、瑩山。大本山は永平寺、總持寺（そうじじ）。

***法戦式**
安居(修行僧の合宿)の際に、修行僧の筆頭である首座と禅問答を戦わせる儀式。

***永平寺**
福井県にある道元が開いた寺院。瑩山が開いた總持寺（神奈川県）をあわせ、曹洞宗の両大本山という。

松﨑　なるほど、それを追体験するということですか？

倉島　ええ。私も、檀家さんのお宅で風呂に入り身支度を整え、それから行列をつくってお寺に入るという儀式を受けたんです。**本来のいわれと実際の簡略化された儀式との融合のなかで誓いを立てていくのが、曹洞宗の僧侶へのプロセスです。**

　曹洞宗は儀式儀礼に厳しい。生活のなかにも細かい作法が決められていて、いい加減は許されません。

松﨑　形から入り心を整える。禅は日本人の思考に影響を与えています。

倉島　茶道や華道、剣道……道とつく文化はとくに禅の影響があります。道場では、師匠は絶対。こうした厳しい師弟関係があるから、寺が修行道場として機能しているともいえます。

　弟子は「はい」としか言えない場。個人の意思は言えません。だからこそ良き指導者がいないと大変なことになります。**曹洞宗ではつねに良き師匠を求め、雲や水のように流れ留まらず、雲水（うんすい）として旅をして、「遍参（へんざん）」することが推奨されるのです。**

こぼれ話

●曹洞宗のご本尊は？

　私のお寺は天台宗の時代もあるので、薬師如来もまつられているんです。曹洞宗としては、釈迦如来が本尊ですが、お寺によってまちまち。

　宗派のお唱えは「南無釈迦牟尼仏」ですが、うちの檀家のおじいちゃん、おばあちゃんは「なんまいだー」（笑）。

　永平寺にも阿弥陀如来はまつられていたので、南無阿弥陀仏へのアレルギーはないですよ。

松﨑　師匠をたくさんもっているんですか？

倉島　はい。まず一人前の僧侶になるまでに3人の師（三師）をもちます。まず得度のときの受業師。私の場合、父親です。次に法戦式のときの法幢師、そして仏法を授けていただく伝法の儀式のときの本師。ほかにも教学の師や坐禅の師など、いろいろな先生をもつことができます。**雲水としていろいろなところに行き、素晴らしいと思った人について学ぶのです。師弟関係をとても大事にするのが魅力です。**

松﨑　後輩は求めることができ、師も受け入れる態勢があるんですね。

坐禅をすることで、まず等身大の自分を受け止める

松﨑　曹洞宗の教えの中心は「只管打坐」に尽きますか？

倉島　そうですね、この言葉は「ひたすら坐禅」なのですが、坐禅をするとどうなるのか。無になるといわれますが、本来は諸縁と自己を見つめる行為です。仏教は縁起の世界。**諸縁を放下してしまうのも、坐禅で得られる境地。坐禅で心を安らかにするのが曹洞宗の教えだと思います。**

＊**雲水**
日本全国を修行して歩く禅宗の修行僧のこと。

＊**只管打坐**
道元の言葉で「ただひたすら坐禅をする」という意味。

＊**放下**
執着を捨てること。

松﨑　私たちは坐禅しないのでわからないのですけど、痛いんですか？

倉島　はっきりいって痛い（笑）。警策（きょうさく）*も下手な僧侶がやると痛いです。

松﨑　痛みのなかで、心は安らかになるものなのですか？

倉島　たとえば坐っていて、鳥が鳴いたとします。私たちはすぐさま、あれはカラスか？　鳩か？　と思います。それがカラスだったら、ゴミをあさられるからいやだなぁ、と連想してしまう。**何かの刺激があると、知識が働き、考え事をしてしまう。こうして苦しみを追いかけ、心と体が乖離し、迷いが生まれます**。背中がかゆい、足が痛い、と五感の変化によって心が散漫になる。坐禅をすることで、それが自分なんだと認識する。この等身大の自分に気づき、受け入れることがスタートです。

次にそんな自分をどうやったら整えられるのか。これが日常生活の作法につながっていきます。**作法の形ができると、自然と行為に邪念が入らなくなります**。茶道も作法を習得すると、お茶そのものを味わうことができるようになります。お茶がおいしくなるんです。

坐禅で生じる足の痛みは、我慢するのではなく、痛みを痛みとして、

認識すればいい。私は、坐禅会で「足が痛い」と言われたら、どうぞ我慢しないで崩してくださいと伝えます。**坐禅は、本来無理がない安楽の法門なので、大上段に構えるものではありません。**

すでに仏である自分を行で実証していく

松﨑 仏道が目指すのは成仏。悟りと坐禅はどうつながるのですか？

倉島 お迦様は菩提樹の下で坐禅をし、悟りを開かれました。私たちも坐禅を通じてお釈迦様の教えを実践していきます。でも、これは成仏を目的として行うものではありません。

私たちは仏心をもって生まれています。特別なことをせずとも自分は仏なのだから、坐禅によってそれを実証していこうということです。

松﨑 念仏はやさしい行（易行）といわれますが、それを超えますね。

倉島 何もしなくても仏ですからね(笑)。でも、それが難しい。**24時間態勢で仏を実証するのです。生活の一挙手一投足に気が抜けません。**

松﨑 曹洞宗のお坊さんってすごく姿勢が良くてかっこいいですよね。

＊**警策**
坐禅中の心の乱れを戒めるための木製の棒。

＊**安楽の法門**
執着から離れることができる修行の方法。

倉島　みんな24時間仏で居続けるのは大変なので、人の目があるときには、スッと背筋を伸ばすんですよ(笑)。

松﨑　仏教徒でなくても、仏性（仏心）があると考えるのですか？

倉島　仏性は一切衆生に具わるものですから、たとえキリスト教徒であっても坐禅で自分の仏性に気づける。ただ、私は坐禅という行が、宗派だけの行というより、もっと普遍的なものだと思っています。悟りとは、宇宙の法則であり、真理に目覚め己と宇宙が一体になること。行は、自身の心を整え、自分と宇宙との境目をなくしていくためのものです。

曹洞宗の祖師である道元禅師は、宇宙との関わり合いの手段として、もっとも有効なのが坐禅だと説きました。禅師は、曹洞宗や禅宗という言葉を使うことを嫌ったそうです。自分たちの派をつくるなんて小さな料簡の話ではない。もっと宇宙規模のスケールの話をしているんだ、と。

他人は自分じゃないぞ！　今やらなくていつやるんだ！

松﨑　道元禅師は、どういう方だと思いますか？

祖師 道元

道元（どうげん）

1200～1253年。後鳥羽上皇に仕える内大臣家の子として生まれる。幼くして父母を亡くし、12歳で比叡山へ。建仁寺に移り、臨済禅を学ぶ。その後、宋に渡り、師を求めて修行を続け、如浄（にょじょう）に出会い悟りを得る。帰国後は只管打坐を掲げ、禅に専修。思想の集大成である

倉島　超絶几帳面。修行の作法についてたくさん書きのこされているんですが、洗顔、料理、食事……これをやっちゃダメ、あれをやっちゃダメと。たとえば食べるときは、ほかの人の器をのぞき、自分より量が多いと考えちゃいけない、とかね。その根底には、相手への敬い、マナーがあったうえで修行ができるんだ、という考えがあります。

それに反する修行僧がいたら、荷物を放り出したという話ものこっています。**道元禅師の絶対的な価値は仏法です。この価値をゆがめるものは許せないし、そこに対しては激怒します。**

松﨑　仏法を伝えようとする姿勢が違う。本気度がすごい！

倉島　私は、道元禅師が23歳で中国に渡ったときの、老典座（ろうてんぞ）*とのエピソードが好きなんです。若かりし禅師は、当時坐禅をし、経典をよむのが修行だと思っていました。夏の暑い盛り、しいたけを干している老典座に、「こんな暑い日に干さなくてもいいではないですか。若い衆にやらせたらいいではないですか」と言いました。すると老典座に「他はこれ吾（われ）にあらず　更に何（いず）れの時をか待たん」と叱られるんです。

「正法眼蔵（しょうぼうげんぞう）」を記す。46歳で大本山永平寺を開山。53歳で病魔に侵され逝去。

＊**老典座**
典座は禅寺で調理・食事などの台所仕事一切を任される役職。高齢の台所係のこと。

他人は自分じゃない！　今やらなくていつやるんだ！　つまり**「今、自分がやるしかない」。ここに道元禅師の思いのすべてが入っていると感じます。**道元禅師も最初から完成していたわけではなかったのだ、ということを知ると修行者として胸が熱くなります。

全国のお寺でもっと気軽に坐禅できる場を増やしたい

松﨑　修行以外に、お弔いの儀式なども大事な役割ですよね。

倉島　葬儀のときは、生前の功績や人柄などを盛り込みつくった引導法語をよみ、これから来世でも仏道修行に励みなさい、と引導を渡し、送り出します。故人を送り出すのが導師（僧侶）の務めですが、そこにはご遺族のためにという気持ちもあります。**葬儀は生老病死のすべてがそろう場です。避けては通れない死に際し、それぞれがどうあるべきかを自分なりに実感していただきたいのです。**

松﨑　亡くなったらどこに行くと説くのですか？

倉島　死んだ先のことを説くことは、曹洞宗ではあまりないですね。今

こぼれ話

●曹洞宗の好きなところは？

袈裟を大事にするところ。扱いに詳細な作法があり、つけるときも頭上にいただき、お経を唱えます。袈裟は仏様と同じなのです。

袈裟は昔のインドの僧侶たちがボロ布をつなぎ合わせ一枚布にし、体にまとったのが始まり。その名残で今でもパッチワークです。

価値がない布でもつなげば袈裟になる。布ごとの違いがあっていい。差別や違い、優劣……これはパッチワークが美しく見

この瞬間、自分の足元のほうが大事なので。だいたい曹洞宗の人にこの質問をすると「喝！　今ここが大切じゃ」と言うはずです（笑）。

松﨑　仏道を歩く自分がすでに仏なのですものね。仏教では「今が大事」と説きますが、教学に基づく「今が大事」は、重みが違いますね！

倉島　道元禅師に前後際断という言葉があります。**時間は連なるのではなく、一瞬一瞬に前と後ろがある。生滅の数珠つなぎで時間を捉えると、だらだら生活していられなくなります。**だから坐禅をし、自分を整え、しっかりと仏に成って生きなさいということです。

松﨑　坐禅やマインドフルネスが若い人に人気なのもわかりますね。

倉島　**坐禅をすると、前のことを引きずらずリセットできる。それがメンタルケアにもなり、悩みは少なくなります。**良い形で生活を整えていくと、良いご縁が結ばれ、良いことも起こる。私は日本の自死者数の多さを見るにつけ、世のなかから宗教なんていらないと言われているような無力感を覚えます。全国のお寺でもっと気軽に坐禅ができたら、仏教に親しんでもらえたら……そんな思いをもって活動を続けているんです。

えるかどうかです。坐禅をするとものごとが俯瞰できます。つぎはぎでも美しく見える。私は、袈裟を大事にすることで、命の平等性を意識できるのです。

すべてを阿弥陀様に任せる。ヘルプミーと願い続ける教え

井上広法（光琳寺住職）

友人、知人の相次ぐ死で僧侶の存在意義に気づかされた

井上　僕、「お坊さんだけにはなるものか！」と思いながら10代を過ごしました。光琳寺は室町時代からある浄土宗*の寺院です。将来お坊さんになることが必然というようなプレッシャーや、自分に選択権がないのも嫌で。高校のとき医者になろうと、医学部を目指しました。

松﨑　なぜお医者さんに？

井上　親の跡を継がない理由としては医者か弁護士しかないと思って（笑）。小さい頃から人の心の働きに興味があり、精神科医になりたかっ

●井上広法（いのうえ・こうぼう）
1979年栃木県生まれ。光琳寺（宇都宮市）住職。佛教大学で浄土学を専攻後、東京学芸大学で臨床心理学を専攻。グリーフケアについて研究。ウェブ相談、仏教ワークショップ、企業研修講師などさまざまな活動を行う。

光琳寺 FB　https://www.facebook.com/kourinji
「áret」　https://aret.house/

た。しかし、医学部受験は失敗。仮面浪人的に京都の佛教大学に進んだのです。だから3回生の春まで単位ゼロ。ロン毛で茶髪、勉強せずにフラフラ。そんなとき、住職だった祖父が他界しました。僕はおじいちゃん子でしたから急いで寺に戻り、葬儀に出て、翌日から遺品の整理をしたのです。そうしたら、祖父のたんすから、桐の箱が出てきました。

松﨑　桐の箱？　お宝が入っていたんですか？

井上　**金色の折り紙が一枚。裏には、マジックで「しょうらいりっぱなおぼうさんになりたいです」と書いてありました。**すっかり忘れていましたが、それは幼稚園の頃に、僕が祖父に宛てて書いた手紙だったのです。

それを見つけたとき、後悔という言葉では足りない、崩れ落ちる感覚に襲われました。生前、祖父は僕には何も言いませんでしたが、どんな思いで僕を見ていたんだろう。やはり「僧侶になろう」と思い直しました。

そこからは大学の図書館で勉強の日々。**仏教を学べば学ぶほど、知りたかった心の問題が説かれていることがおもしろく、のめり込みました。**

松﨑　そこからはお坊さんへの道をまっしぐらですか？

「お坊さんバラエティぶっちゃけ寺」(テレビ朝日系）などテレビやラジオにも多数出演。門前にコワーキングスペース「áret（アレット）」を創設。

＊**浄土宗**
祖師は法然。総本山は知恩院。

井上　いや再び荒波に襲われます。20～30代にかけて、大事な友人・知人を、自死や事故、病気で次々と亡くしました。大きな喪失感と同時に、**生きのこっている自分はお坊さんとして意味があるのか？　と。**

松﨑　ようやく仏教を好きになり、そこからさらなる疑問がわいた。

井上　仏教を学び、理解しても、求める人がいなければ、そしてきちんと伝えられなければ、お坊さんとしての存在意義がありませんから。

　友人の死は、多くのことを教えてくれました。たとえばサークルの友人を事故で亡くしたとき、僕は後輩たちが通夜の晩にすすり泣く声を聴き、**ここで彼らの肩を抱き「大丈夫だよ」と言い切り、悲しみを慰められるのは、お坊さんだけなんじゃないか、と思い至りました。**

　修行仲間だった友人が雪山で遭難したときも、大きな気づきがありました。以前僕は彼から「宗教じゃ人は救えない」と言われたことがあったんです。でも、**彼が目の前から消え、心底思いました。「今こうやってお前を失った悲しみから救ってくれるのは、宗教しかないよ」と。**

松﨑　喪失によって僧侶である自分への確信をもてたのですね。

豆知識

阿弥陀様は光の仏

　大乗仏教の仏で、アミターバ（量り知れない光をもつ者）、アミターユス（量り知れない寿命をもつ者）の音写。人間時代、王の座を捨て衆生救済のために48の誓いを立て修行に励み、悟りを開いた仏と伝えられます。

　浄土宗の寺院では阿弥陀三尊（阿弥陀如来、観音菩薩、勢至菩薩）をまつります。阿弥陀如来像の姿はさまざま。阿弥陀の救済への意思や願いを姿に込めた仏像が多いのが特徴です。

南無阿弥陀仏と称えれば極楽往生できる

井上　僕は、阿弥陀様に命をお預けしている身です。浄土宗では「南無阿弥陀仏」と称えて、阿弥陀様の主宰する西方にある極楽浄土に生まれることをお願いします。他の行を交じえずひたすらお称えする専修念仏。南無は帰依、帰命。つまり命までも預けますという意味です。僕は、この世にたまたま生きのこっている。この命は、先に極楽浄土に往った彼らのために使おうと決めています。文字通り使命なんです。

　僕がバラエティー番組に出たり、浄土宗の僧侶なのに臨床心理やマインドフルネスを教えたりしていると、批判を受けることもあります。でも、批判はどうぞご自由に。続きはお浄土でやりましょう、って（笑）。南無阿弥陀仏という軸はぶれないから、批判も気になりません。

松﨑　異端児的な扱いをされるのですね。でも、法然上人が南無阿弥陀仏と称えれば、極楽往生できると説いた教えは、当時の仏教界で革命的なものでした。法然上人にも重なる宗教者の在り方ですよね。

長いこと考えすぎてアフロヘアに…

金戒光明寺 五劫思惟阿弥陀

修行中のお姿！

知恩院 阿弥陀座像

ちゃんとついてきているかい？

永観堂（禅林寺）みかえり阿弥陀

井上　若いときに、ハワイ大学のジョージ・タナベ*先生に言われた言葉が忘れられません。**仏教のコンサバティブは保守とは違う。一般的には保守は、教えられたことを守ることだと思われがちだけれど、君たちが宗祖や開祖の背中に惚れているなら、その生き方をまねすることが保守だ。**お釈迦様も法然上人も破壊的イノベーター。伝統をひっくり返し、正しいものをつくるために邁進した。それこそが仏教の保守主義者だ、と。

松﨑　浄土宗の宗旨をどのように説いていらっしゃいますか？

井上　本来はこの世で成仏するのが理想ですが、僕らお坊さんでさえ、そうはいかない。**浄土宗の教えは、成仏をいったん保留にし、極楽に預けます。亡くなって、阿弥陀様の導きを受け極楽浄土に赴けば、必ず悟りを開き、仏に成ることが約束されている。この世はあくまで極楽に往くための、橋渡しの起点。だから僕らの命が尽きたとき、必ず極楽往生できるような手段を、この世で実践しようではないか。**

その手段が称名念仏（しょうみょう）です。阿弥陀様の名前を称えるだけでいい。すべて阿弥陀様に任せる。「ヘルプミー」の宗教なんです。

*ジョージ・タナベ
ハワイ大学名誉教授。日本仏教の研究者。

こぼれ話

浄土宗の代表的な行事は？

御忌（ぎょき）。法然上人の御命日の法要ですが、ほとんどの檀家さんが4月だと思っている！　本当は1月25日ですが、明治時代に「寒いから」という理由で4月の桜の時期にやるようになったそうです。
　まあ、法然上人の問答集にも「眠くてお念仏が称えられません」という悩みに

松﨑　阿弥陀様、助けてください！　が浄土宗ですね。

井上　**そのため「お念仏を続けていくこと」が重要。南無阿弥陀仏と十遍称えるお十念が基本となり、ずっと称え続ける多念の宗派です。**

ただし、回数が多いから成仏できるわけではありません。連なる念仏のたまたま「ここ」だけを抜いたら「一念」になり、それが続けば「多念」になるということです。お念仏を普段から称えていれば「平生のお十念」。たまたま称えている最中に亡くなれば「臨終の念仏」になります。**通常時の念仏が連続し臨終の念仏になる。金太郎あめみたいな念仏です。**

まじめな人ほど、法然上人にひかれる

井上　僕は、まじめな人ほど法然上人の教えにひかれるように思います。お弟子さんだった浄土真宗の親鸞聖人*も、平家物語に出てくる熊谷直実*も、みなさん超ストイック。真剣に救済を求めたから、お念仏に救われた。

僕は友人たちを失うなかで、改めて主体的に仏教を学び直しました。それまで僕にとっての仏教は、理論武装のための知識だった。でも**喪失**

「ちゃんと寝て、起きたらまた称えましょう」って法然上人が答えているくらいなので、おおらかな宗派なんですよね（笑）。

*** 親鸞聖人**
のちに浄土真宗を開く（→170ページ）。

*** 熊谷直実**
源平の合戦で活躍。一ノ谷の戦い（1184年）で、当時自分の息子と同年代だった平敦盛を討ち、出家。法然上人に弟子入り、修行に励む。敦盛とのくだりは『平家物語』などにも描かれている。

の苦しみから心底救いを求めたとき、南無阿弥陀仏しかなかったんです。

松﨑　ご友人たちと再会するには、自分もお浄土に往生するしかない！

井上　幼い頃、祖父が「ナムナム」していたら阿弥陀様がお空から見ていてくれるからね、と言っていた、あの童話のような話が実体化しました。

世のなかは、モノとコトにあふれています。それをいかに自分ゴトにできるかで、生き方は変わると思う。僕のなかでお坊さんやお念仏、お寺は、当初形骸化した空虚なものでした。でも成長とともに多くの人の死を経て、そこに意味がある、ということに気づくことができました。

松﨑　亡き人たちが、人生に意味をもたせてくれた。

井上　人生に物語性をもたせることで、人は生きる意味を感じられます。これを助けるのが宗教です。浄土宗はヘルプミー、この世で救われないことを自覚した人たちの、救いになる教えです。

法然上人はすべての人が救われる方法を20年間探し続けた

松﨑　法然上人ってどういう方だと思いますか？

法然

1133〜1212年。国司の子として生まれ、9歳のときに父が討ち死に。死に際の父から、仇討ちをせず、出家をするように言われる。15歳で比叡山に上り、天台教学、仏法を学ぶ。43歳のとき、極楽往生のためにひたすら阿弥陀様の名前を称えるという教えにたどり着き、浄土宗を開く。その後、

井上　おやさしい方、何をしても許してくれそうですよね。

松﨑　肖像画の影響もありますよ。お人柄がにじみ出る。それでいて智慧第一、持戒堅固とたたえられた方ですよね。

井上　ギャップ萌えですね（笑）。それだけ頭が良く、戒に厳しい方が「南無阿弥陀仏」だけでいいんだよ、と専修念仏の教えを説いた。

この考えに至ったのが43歳のときなのですが、前段階があります。24歳で一度比叡山を下り、嵯峨釈迦堂に7日間こもられているんです。

法然上人は幼い頃、父親を殺されました。父親を弔うために立派な僧侶になろうと修行されてきました。しかし天台密教に答えを見つけられなかった。それでお釈迦様に直接話を聞こうと、釈迦堂にこもられたのだと思います。しかし、こもっても何ひとつ答えが出なかった。

でも釈迦堂から出てきたとき、法然上人はご覧になったはずなんです。平安末期、混乱の世で苦しんでいた人たちがお釈迦様に手を合わせる姿を。そこには貴族も農民も被差別の人たちの姿もあった。なかには字が読めない、言葉も知らない人もいたはずです。でもみんなお釈迦様、救

京都・吉水を拠点に、教えを広める。他宗の僧侶、貴族、武士、遊女など幅広い層の人々が門をたたいた。後に浄土真宗の祖師となる親鸞も弟子のひとり。勢力を恐れた他宗や国から迫害、弾圧を受けることも。80歳で現在の知恩院周辺にて逝去。

*嵯峨釈迦堂
清凉寺（京都市右京区）の本堂にある釈迦如来像は、お釈迦様の生身（しょうじん）の姿を伝える像として知られる。

ってください、助けてください、お願いしますと必死で祈っていた。きっとそれが眼に焼きついたのでしょう。

ここに法然上人の次の課題が生まれます。自分の救済から、すべての人の救済へ。約20年間かけてあらゆる経典を当たり、みんなが救われる方法への答えを見つけたのが「南無阿弥陀仏」でした。

極楽浄土で必ず亡き人に再会できる

井上　とくに人の死に関して、もっともわかりやすい教えだと思います。人が亡くなると、極楽浄土にいる阿弥陀様がお迎えにきてくださる。たとえば葬儀は、此岸（しがん）から彼岸（ひがん）へ、橋渡しするための儀式です。実際には阿弥陀様が救うので、導師（僧侶）が救えるわけではないのですけど。

松﨑　浄土真宗でもそう考えるので、葬儀は仏縁の場なのです。

井上　教えの本質的にはそうなりますよね。ただ浄土宗はもともと天台宗から生まれた宗派なので、天台密教の作法の影響が強いと感じます。

法話でお伝えするのは倶会一処（くえいっしょ）。**極楽浄土で必ず故人に再会できるか**

こぼれ話

●最近力を入れている活動は？

お寺の前の敷地にコワーキングスペースをつくりました。

法然上人は当時の京の町に入り、普通の人たちと生活をともにし、仏教を届けていった。僕もそれを見習おうと思って。

現代の悩みの多くが働くことに起因しています。働くことはどういうことかをまともに考えられる場をみんなでつくる。僕は仏教でそこに答えを導き出せたらいいなと考えています。

僕は企業研修の講

ら、我々は涙を流しながら見送るけど、ご本人は喜んで往生する。そして僕らもいつか命が尽きたとき、あちらの世界に往く。だからサヨナラではなく、「また会おうね」というのが浄土宗の葬儀です。

松﨑　浄土教的には、往生は大変喜ばしいことですものね。

井上　最近、僕、法要のやり方を変えたんです。法要の前に目をつむり、「今日はおばあさんの七回忌です。頭のなかでイメージするおばあさん、どんな表情をしていますか？」と尋ね、そして話してもらいます。怒っていた、とか、寂しそうとか……。「じつはその表情をつくっているのはあなた自身なんですよ」と説き、「おばあさんが笑顔ならご供養が進んでいる証拠。もし苦しそうなら、笑顔になるようにご供養しましょう」と誘導し、法要後にまた目をつむってイメージしてもらうんです。

松﨑　すごい！　檀家さんにとって法要の意味が変わってきますね。

井上　そうなんです。僕も宗教者としてちゃんとみなさんのお手伝いができていると思えるようになりました。法要を執り行うときの自分が、いちばんお坊さんらしくていいいなぁと思っているんですよ！

師としても呼ばれることがあるのですが、3～4時間の研修で人は変わりません。行動変容を促すなら、一緒に働くほうが早い。昔のお寺は、僧俗交えたひとつのコミュニティでした。それを今の時代に合う形で提案したい。名前は「aretɪ」。逆さに読んでみてください。「お寺」になるんですよ！

教えます！浄土真宗

本人がお答えします！

阿弥陀様の慈悲のなかで、すでに救われていることを喜ぶ

アーナンダの気持ちがわかった！

――いよいよトリは著者自らが語る浄土真宗*です！　その前に、これまで他宗のみなさんのお話を伺ってきて、いかがでしたか？

松﨑　ＰＡＲＴ１でお釈迦様のつき人だったアーナンダのことを紹介しましたよね（↓59ページ）。アーナンダって最後まで悟れなかったのですが、**それは「多聞*（たもん）」だったからです。**今回、他宗のお坊さんにじっくりお話を伺ってみると、**どの宗派も素敵に思え、迷いが生じますよ（笑）。**お釈迦様のそばで説法をたくさん聞いたアーナンダみたいな気持ち。

＊**浄土真宗**　祖師は親鸞。真宗各派でつくられる真宗教団連合に加盟している派は10ある。もっとも門徒数が多いのは本願寺（西本願寺）を本山とする浄土真宗本願寺派、次が真宗本廟（東本願寺）を本山とする真宗大谷派。

――ご自身の信仰がゆらぎますか？

松﨑　いいえ（笑）。でも、改めてやっぱり私は阿弥陀様が大好きだし、親鸞聖人の教えがしっくりくるな、と思いました。

――阿弥陀様や親鸞聖人への思いは、小さい頃からあったのですか？

松﨑　いえ、私は永明寺の長男として生まれましたが、お坊さんになりたくない時期もありました。高校3年生で得度*していますが、それも龍谷大学*に進むうえで有利かなと思ったからです。教師になったのも、お坊さんから逃れるため。「先生」と呼ばれる職業なら、世間的にも許されるだろうと思って。当時、仏教なんて飯のタネとしか思えなかった。教師になりたての頃、クラスの女子が授業中、突然こう聞いたんです。

「先生って、仏教信じているの？」

言葉に詰まりました。私、仏教を信じてるのかな？　と。

――気持ちが変わったのはいつからですか？

松﨑　徐々に変化したんです。人生って選択の連続でしょう。右に行こうか、左に行こうかと思ったとき、仏様によって導かれていると感じる

＊**多聞**
仏の教えを多く聞くこと。

＊**得度**
浄土真宗では、得度し僧籍を得るのに費やす期間は10日間程度。他宗のような行はないため短期間。習礼（しゅらい）と呼ばれる研修が行われる。

＊**龍谷大学**
西本願寺13代宗主良如（りょうにょ）が創設した僧侶養成機関を起源とする大学。

ことがよくありました。目の前にミミズが横たわっていたとします。それを踏むか、よけるか。**そういう小さな選択の積み重ねのなかで、仏教によって歩まされていたんだな、と。**

祖父が亡くなったタイミングで教師をやめ、住職になる資格をとりました。お坊さんとしての本格的な人生のスタートは最近なんです。

お念仏が私の口から出る、それだけで素晴らしい！

——浄土真宗の教えをひと言で表すと？

松﨑 **「南無阿弥陀仏」のお念仏を申す人生を歩み、すべての人たちがそのままで浄土に往生し、仏に成る。仏と成ったら、またこちらの世界に帰ってきて、多くの人々を阿弥陀様の教えに導いていく。**私たちは今、真理、真実には目覚めておらず、迷いや不安、煩悩のなかにいます。成仏したいなぁとは、あまり思っていませんよね。

——たしかに、そんなに思っていないかも……。

松﨑 それも「煩悩」なんです。でもこのままじゃダメだという不安も

豆知識

宙に浮く浄土真宗の本尊

浄土真宗の本尊は阿弥陀如来。浄土宗も阿弥陀如来をまつりますが、多くは背中に舟形の光背があります。舟で衆生を救いにやってくる来迎のイメージです。

一方、浄土真宗でまつるのは「観無量寿経」というお経のなかの阿弥陀様と決まっており、背中に48本の光線を表す光背がある立像です。48本の光は、阿弥陀様の願を表します（→156ページ）。宙に浮かび、今すでに目の前にいらっし

あるでしょう。進む方向を迷ったとき、「こっちだよ」と促してくれるのが仏様の存在です。

――浄土宗と「お念仏」の捉え方に違いはありますか？

松﨑　井上さんのお話に一念がいいか、多念がいいかという話が出てきましたよね（↓159ページ）。浄土宗は多念を勧める宗派ですが、浄土真宗では一念多念の議論自体が成立しないんです。**親鸞聖人はお念仏を、自分自身で称えているとは考えませんでしたから。**

――自分でお念仏を称えているのに、称えていないと考える？

松﨑　そうです。たとえば私が今しゃべっているのは、いろいろな縁によります。仏教の入門書をつくるという縁、今のこの時間にインタビューのお約束をした縁。さまざまな縁が重なり合い、私はこの瞬間に口を開いています。同じように、**私の口からお念仏が出るのは、さまざまな縁によって、阿弥陀様から私に仕向けられたもの。決して自分の力ではないということです。阿弥陀様が、この口からお念仏が出るように、あらゆる手立てを使って私を仕向けてくださった、と考えます。**

やるというイメージです。浄土真宗は来迎を頼まないことにも由来しています。

＊**往生**
極楽浄土に往き生まれること。

一念であろうが多念であろうが、どのお念仏も、阿弥陀様からいただいたもので、そこに良し悪しはありません。どの縁も、それをそのまま素直に受けとり喜んでいくことが大事です。

——「ヘルプミー、阿弥陀様」とは違うんですね。

松﨑　救いを求める姿勢はあります。しかし、お念仏を称えるから救われるのではなく、**お念仏が出ているということはすでに救われている。阿弥陀様の慈悲が届いているということなのです。**お念仏が私の口から出てくださるのは、もうそれだけで素晴らしい！　**お念仏は、阿弥陀様の功徳のすべてであり、阿弥陀様そのものです。「お念仏しているからといって、私自身が偉いわけではない！」というのが浄土真宗の考え方です。**

阿弥陀様によってお念仏を口にさせていただいている

——お念仏を称える主体としての自分はいないということ？

松﨑　往生に自分の計らいは一切入りません。親鸞聖人は、そこまで研ぎ澄まして、自己を見つめたのです。**凡夫、悪人である自分の口から、**

豆知識

お西、お東って？

浄土真宗はいくつもの派がありますが、門徒数が多いのが、本願寺派と真宗大谷派です。

浄土真宗中興の祖と呼ばれる蓮如（れんにょ）が大阪に石山本願寺を建立（現在の大阪城）。しかし、当時の浄土真宗の勢力を煩わしく思った信長によって石山合戦が勃発。教団は、この合戦に敗れます。さらに徳川家康の時代、西本願寺と東本願寺に分けられ、それ以降、お西さん、お東さんと呼ばれています。

お念仏が出てくるのはなぜか？　これは自分の力ではなく、阿弥陀様の力なんだと気づいた。

浄土真宗が他力の教えと言われるゆえんです。他宗のように自の力で悟ろうとする「自力」の宗派ではなく、阿弥陀様のパワーで仏に成らせていただく「他力」*の宗派です。**私たちがやるべきことは、ただそのことを受け入れ、喜ぶだけ。「ああ、今、お念仏が出たね、よかった、よかった」と。**だから浄土真宗では、修行がいらないのです。お念仏と出(で)遇(あ)った時点で、すべてが完成してしまう教えです。

――お念仏に思いが込められているかどうかも関係ないのですか？

松﨑　すべて阿弥陀様の計らいですから、寝言で南無阿弥陀が出てもいい。心を込めないとダメなどという条件がつくと、誰もお念仏を称えられません。お坊さんなんて別のことを考えながら機械的に口からお経が出てくる。スケベなことを考えながら、よむことだってできちゃう。

親鸞聖人は、実際そこに悩まれたのではないかと思うんです。聖人が比叡山を下りた理由のひとつに、女性に対する思いがあったという説も

南無阿弥陀仏は「唱」でなく「称」
「唱」は口で唱えるという意味ですが「称」には「秤（かなう、つり合う）」という意味があります。「私たちの深い罪悪性につり合うだけの功徳」が具（そな）わるお念仏を称えるのです。

＊他力
阿弥陀如来の力。人々を救う働きで本願力ともいう。他人の力という意味ではない。

あります。煩悩を完全に捨て切れない、自分の力では人々を救えない、と心底悩まれたからこそ、自分が阿弥陀様の慈悲のなかにいたことに気づき、それを喜んだ。**浄土真宗は、阿弥陀様の慈悲の真んなかに私がいることに気づいていく宗派です。**

――成仏に条件はないんですね。

松崎　そうです。お称えしないとダメなら、口がきけない人は成仏できない。人にやさしく接しないとダメなら、寝たきりになったら成仏できない。**何かしないと往生できないなら、誰も往生できなくなります。**

「罪人は救われますか?」と他人に問われたら、救うのは阿弥陀様なので「その人のことはわかりません。しかし、私は阿弥陀様のおかげで仏様に成らせていただきますよ」と答えます。ただ大事なのは、自分も罪人も同じだと自覚することです。**親鸞聖人は、縁に触れたら、人はどのようなことをしでかすかわからないとおっしゃっています。**たとえば自分の大事な人が傷つけられ、目の前に犯人がいて、包丁があったらどうですか? 刺さない確証はありません。私にだって罪人の可能性がある。

祖師 親鸞

親鸞（しんらん）

1173〜1263年。宮中勤務の日野有範（ひのありのり）の子として誕生。9歳で伯父に伴われて出家。その後、比叡山横川で天台宗の僧として20年間、学業と修行に励む。29歳のとき、比叡山を下り、聖徳太子にゆかりのある六角堂に100日間参籠。救世観音（ぐぜかんのん）のお告げを受人は誰でも煩悩を有しています。自分のなかの煩悩をまっすぐに見つめる。これが親鸞聖人の姿勢。ネガティブでしょ。でもネガティブがひと回りすると「こんな私が救われている！」とポジティブになる（笑）。

――すごい闇とすごい光が同時にある教えですね。

松﨑　私たちのいる場所は闇です。でも阿弥陀様は光です。親鸞聖人の書物に「いくら空が雲で覆われても、この世が闇になることはない。阿弥陀様がいる限り」という言葉がのこされています。

親鸞聖人は念仏馬鹿だった！

――親鸞聖人はどんな方だと思いますか？

松﨑　念仏馬鹿。怒られるかな（笑）。でも親鸞聖人ご自身がそう言っているんです。ご自身で＊愚禿釈親鸞（ぐとくしゃくしんらん）と名乗られたんですよ。**ここでいう馬鹿とは、知識の有無ではなく、自分はとてもお釈迦様になれるような存在ではないという自覚です。私からすれば、お釈迦様みたいな方ですが、親鸞聖人は自分のことを微塵も偉いと思っていません。**本人は浄土

け、法然の門下に。専修念仏の弾圧が強まると、越後に流罪。これを機に、国の定める僧でも、俗人でもない非僧非俗（ひそうひぞく）の立場をとるようになる。妻帯し、6人の子をもうけ、42歳で関東へ移る。市井の人々にお念仏の喜びを伝え、教えを体系立てた『教行信証（きょうぎょうしんしょう）』を記す。63歳の頃に京都に戻り、90歳で往生。

＊**愚禿**
愚かな凡夫という意味。親鸞聖人は自身の署名にこの名を用いた。

真宗を開かれたつもりもないし、祖師という認識もありません。法然聖人の門下のひとりとしか思っていなかった。

親鸞聖人は、お念仏を心から喜ばれた方でした。**自分は救われている！ほかの人たちにこの喜びを伝え、共有し、ともに喜んでいく人生を歩まれた。**このうえなく尊い念仏馬鹿だと思います。

ストイックですよね。比叡山にいた頃は、かなり厳しい修行もされている。それらを経験して出た結論が、「自分には無理」。行の最中の小さな心の動きすら、見逃さず、自分を許せなかった。それでこれ以上進むべき選択肢が比叡山になくなってしまった。比叡山は、仏教を学ぶのに最高の場所です。そこですら悟れない。親鸞聖人は本当に絶望したのでしょう。その後、山を下りて、法然聖人門下に入ります。**自己肯定感最悪のなかで100％肯定してくれる教えに出遇ったのです。**

ネガティブ思考の人には最適の教え

――浄土真宗の教えはどんな方に響くと思いますか？

こぼれ話

●法要ではお経よりお話が長い？

仏事でお話を聞くことが重視されます。私たちは阿弥陀様に救われているということを、みんなで確認し、喜びを共有していく。そのため、お説法の時間が長いのです。

浄土真宗の法話は仏願の生起本末（しようきほんまつ）を伝えること。仏様の願いが、なぜ起こり、どうなったか。それをさまざまなスタイルで語ります。まるで漫談を聞いているようだと言われることもあるくらい、楽

松﨑　たたきのめされ、埋没してしまっている人。人生に不安やむなしさを抱えている人。悩みを悩みと思ってはいけないと思っている、こんなふうに悩みをもつ私は、おかしいんじゃないかと思っている人。自尊感情が低い人。ネガティブな人には最適。私、本当は根暗ですから（笑）。

昔、自分探しが流行った時期がありましたよね。自分はいったい何なのか。それ、全部仏教に書いてあるよ。そういう不安を抱えたままでも大丈夫。そういってくれるのが浄土真宗じゃないかと思います。

逆に自尊感情が高すぎる人には不向きかもしれません。仏教を頑張る自分はいい人だと思いたい人には期待外れな教えかもしれません。

それから**私が浄土真宗を好きなのは、ロジカルなところです。念仏をしていればいいだけのゆるい宗派だと思われがちですが、理論はカチッとしています。**私がSNSなどで好き勝手に発信できるのは、バックグラウンドの教えがカチッとしているからです。ロジカルなところにもただただお念仏ありがたいねぇ、なんまいだーって言う人にも対応できる。

――両面があるから、幅広い人々に支持されているんですね！

しく伝えるんです。

本願寺派では布教使の資格があり、私も取得しています。養成する機関もあるんですよ！

浄土真宗の葬儀や法要については、PART4で詳しくご説明します！

伝統宗派のまとめ

	祖師	教えのキーワード	主要寺院（総本山・大本山）	本尊
天台宗	最澄	悉有仏性、悉皆成仏、忘己利他、一隅を照らす	比叡山延暦寺	久遠実成、釈迦牟尼如来
真言宗	空海	即身成仏	高野山金剛峯寺	大日如来ほか諸尊諸仏
日蓮宗	日蓮	南無妙法蓮華経	身延山久遠寺	大曼荼羅、久遠本仏
臨済宗	栄西	不立文字、教外別伝、直指人心、見性成仏*	全国に14の大本山	諸尊諸仏
曹洞宗	道元	只管打坐、即身是仏*	永平寺、總持寺	釈迦如来ほか
浄土宗	法然	南無阿弥陀仏（お十念）	知恩院	阿弥陀如来、観音菩薩、勢至菩薩（三尊）
浄土真宗	親鸞	南無阿弥陀仏	西本願寺（本願寺派）、東本願寺（真宗大谷派）など	阿弥陀如来

* **不立文字、教外別伝、直指人心、見性成仏**　言葉に拠らず、以心伝心でしか伝わらない禅の心を、自分の本当の心と向き合うことによって、見つめていくこと。

* **即身是仏**　この身がそのまま仏であること。

PART4

日常生活から葬儀、法要、仏教行事まで

お寺とお坊さん 大解剖

最近お寺に行きましたか?
お坊さんと話したことは?
日々の作務から葬儀、行事まで
浄土真宗の私のお寺の
一例をご紹介します。
あなたもご縁のあるお寺に
ぜひ遊びに行きましょう!

お坊さんデイズ

毎日が休みで、年中無休。坊主はお寺のお留守番係

お坊さんは「生き方」である

「お坊さん*は職業ですか?」と聞かれると、私は少し抵抗したくなります。**お坊さんは、仏道を歩む人生を選んだ者です。**「仏道を歩むこと」自体は、仕事や職業ではありません。仕事や職業は、ときに他人にとり上げられることがありますが、「仏道を歩むこと」は、誰もとり上げることができません。それは、お坊さんが「生き方」だからです。

私が仕事上の立場を表すときは「住職」という肩書を使います。**住職とは、お寺の管理責任者のこと。私が所属する浄土真宗では、かつて住**

*お坊さん
「坊」とは「お寺」のことを指し、お坊さんは「お寺さん」、お坊主は「お寺の主」という意味になる。

職を「留守職」と呼んでいました。「寺院に住む役割の人」。

つまり私はお寺の「お留守番係」なのです。

世俗のなかで仏道を歩む

「坊さんなんて年寄りをだます詐欺師だ」と、若い頃はそんなふうにお坊さんのことを思っていました。寺の長男として生まれ育ちましたが、お坊さんに良い印象がなくて、大学卒業後は教師の道に進みました。

めぐりめぐって今はお坊さんになったのですが、決して自分の意思で「お坊さんになった」とは思ってません。ご縁に導かれて気づけば仏道に立っていたのです。今は、この道を歩めてよかったと感じています。

まあ、大変なことがないと言えば嘘になります。**日本のお坊さんは経済活動をしなくては生きていけないという環境にありますから。**

ベトナムやタイのお坊さんは、衣食住まですべて外部からの布施によって保証され、いわゆるお坊さんらしい生活ができます。それと比較して「日本の坊さんは、金儲けをしている！」と言われるのは結構つらい。

豆知識

寺は坊守で成り立つ

浄土真宗では、住職の配偶者のことを「坊守（ぼうもり）」と呼びます。外を回り布教する住職に対して、坊（お寺）を守るという役割。「寺は坊守で成り立つ」といわれます。住職には話しにくいことも坊守にはできるということも。

実際裏でお寺を牛耳っているのは坊守なのです。私は住職ですが、坊守に頭が上がりません。

経済活動というのは、世俗で財産を維持したり、増やしたりする活動です。〝世俗から離れていく道〟である仏道と真逆にあります。真逆の道を上手に渡り歩かなければならないのは、なかなか大変なのです。

「**皆人は欲を捨てよと勧めつつ　あとで拾うは寺の上人**」*

これは一休禅師*のお言葉。世俗を渡る僧侶への厳しい指摘です。

つねに葬儀を想定しながら計画を立てる

一例ではありますが、私の普段の一日を紹介すると左記のようになります。私の信仰する浄土真宗には滝に打たれたり、瞑想をしたりという修行はありません。自らの歩む道を深めるために学んだり、教えを伝えるために発信したり（ツイッターもこの一環）。

また、突発的な予定としては葬儀があります。永明寺では「臨終勤行（ぎょう）」「通夜」「葬儀」を2～3日かけて行います。他の行事と重なると大変なことに。これだけは予定を組めないため、つねに葬儀を想定しながら計画を立てます。**私は「毎日が休みで、年中無休」だと思っています。**

＊**皆人は欲を捨てよと勧めつつ　あとで拾うは寺の上人**
一休宗純（いっきゅうそうじゅん）の歌集『一休道歌』に収められた歌。上人とは住職のこと。「商人」と掛詞になっている。

＊**一休禅師**
一休宗純。とんちの一休さんで知られる。室町時代の臨済宗大徳寺派の僧。後小松天皇の落胤（らくいん）、つまり庶子だという説も。

松崎智海住職の一日

普通の日

掃除、勉強、会議……

掃除や修繕、寺報（お寺のお知らせ）書き、勉強、研修会、会議、行事の準備などやるべきことは多岐にわたる。なんでも屋さんみたいなもの！

朝のお勤め

阿弥陀様にお経をあげる。

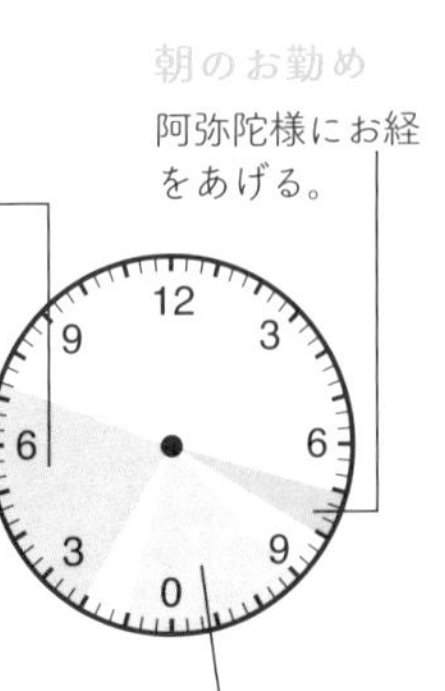

月忌参り

北九州市には月々の命日に各家庭でお経をあげる月忌参りの風習がある。午前中は月忌参りをしていることが多い。

妻に「DIY得意なんでしょ」と押しつけられるのですが、必要に迫られて身についた技術です。

法事などがある日

朝のお勤め

法要がある日も行う日課。

各家の年忌法要

永明寺では一周忌、三回忌、七回忌、十三回忌、十七回忌、二十五回忌、三十三回忌、五十回忌を案内。

永明寺大解剖

お寺は縁が生まれる場所です。仏様との縁はもちろんですが、ご来寺された方々同士の縁も生まれます。お寺でのご縁はほとんどが悲しみから生まれますが、悲しみのなかにあっても喜びが生まれる、みんながワクワクする開かれたお寺にしたいと思っています。

私たちのお寺、
永明寺にようこそ！
境内
園庭として使用しているため、日中は子どもたちの声が絶えない。
幼稚園
幼稚園が併設されている。

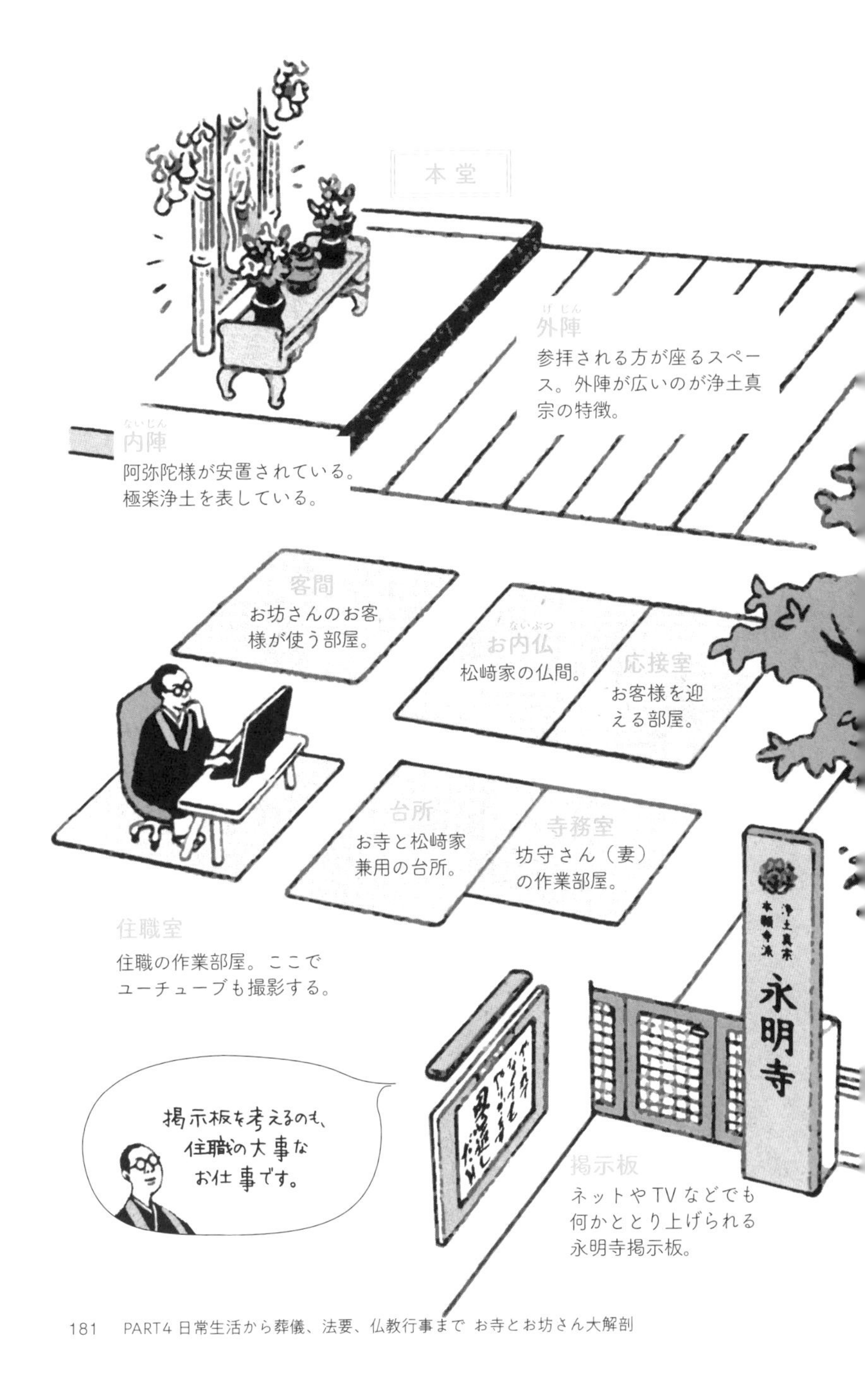
本堂
外陣
参拝される方が座るスペース。外陣が広いのが浄土真宗の特徴。
内陣
阿弥陀様が安置されている。極楽浄土を表している。
客間
お坊さんのお客様が使う部屋。
お内仏
松崎家の仏間。
応接室
お客様を迎える部屋。
台所
お寺と松崎家兼用の台所。
寺務室
坊守さん（妻）の作業部屋。
住職室
住職の作業部屋。ここでユーチューブも撮影する。
掲示板を考えるのも、住職の大事なお仕事です。
浄土真宗 本願寺派
永明寺
掲示板
ネットやTVなどでも何かととり上げられる永明寺掲示板。

お寺と信者・地域活動

お寺は仏様のファンである門徒さんに支えられている

お寺は劇場、信者はファン、お坊さんは運営

宗派によっても違いますが、基本的にそのお寺の継続を支えるのが門徒さんです（他宗派では檀家さん）。

アイドル文化にたとえるとわかりやすいかもしれません。お寺の仏様を「推しのアイドル」としたら、門徒さんはそのファンです。お坊さんは熱狂的なトップファンで、ファンクラブの運営まで行います。文字通り布教する人。そして、そのアイドルに、いつでも会いにいける劇場がお寺でしょうか。

つまり、ファン（門徒）が、アイドル（仏）を推し（信仰）、運営側（お坊さん）を信頼し、**お金を出し合って維持される劇場（お寺）なのです。**

お寺は江戸時代から檀家制度*に支えられてきました。檀家制度はもともと1612年に幕府がキリスト教禁止令を出したことに端を発しています。キリシタンでないことを証明するための寺請制度*（てらうけせいど）から、檀那寺*（だんなでら）と檀家という固定的な関係が生まれ、檀家制度に発展しました。

しかし現代では核家族化や都市化に従い、檀家制度のつながりは薄れています。今後は**よりゆるいつながりになるのではないかと思います。もしくは強いけれども小規模なつながりに移行していくのかもしれません。**いずれにせよ、現代の檀家制度は形が変わっていくでしょう。

お寺が「地域のハブ」になればいい

お寺は「社会とは切り離された場所にあり、世間の変化には流されない」、これが本来の姿だと思います。

しかし、現代においてはそんなことも言っていられません。お寺にも

*檀家制度
お寺が檀家の供養を独占的に行うことを条件に、長期にわたる経済的支援関係を築く。

*寺請制度
キリシタンではないことを示す寺請証文を、寺が発行する制度。

*檀那寺
檀那とは布施（→200ページ）と同じ意味。各家の寄進で成り立つ寺のこと。

社会性を求められるようになりました。地域のために熱心に社会活動にいそしむお寺もたくさんあります。

私は、お寺が「地域のハブ」になればいいと考えています。**お寺は滅多なことでは移動しません。長期にわたり地域を見守り、つながりの中心であり続けることができます。**

また、お寺は組織的な活動も行っています。浄土真宗ではエリアごとに「組」というグループをつくります。組が集まって「教区」を構成します。同じ組のお坊さんとは定期的に集まり、いろいろなことを話し合いで決め、個別のお寺ではできない活動を連携して行います。

お寺の世界は閉鎖的な人間関係になりがちなので、私はなるべく教区や宗派を超えていろいろなお坊さんと会うようにしています。お寺は垣根を越えてつながることで、地域のハブになる可能性を秘めています。

本山と末寺、法律上は対等だが……

宗派には「本山」があり、我々のような各地域のお寺は本山に対し

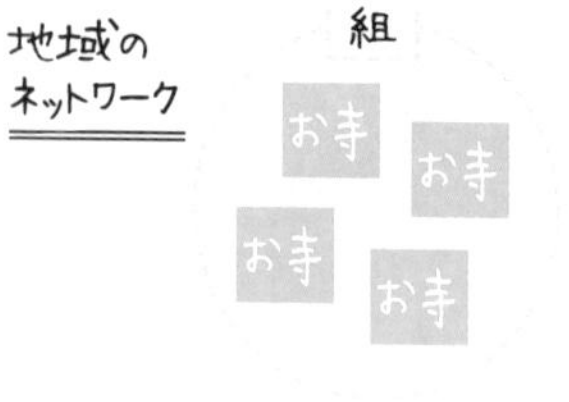

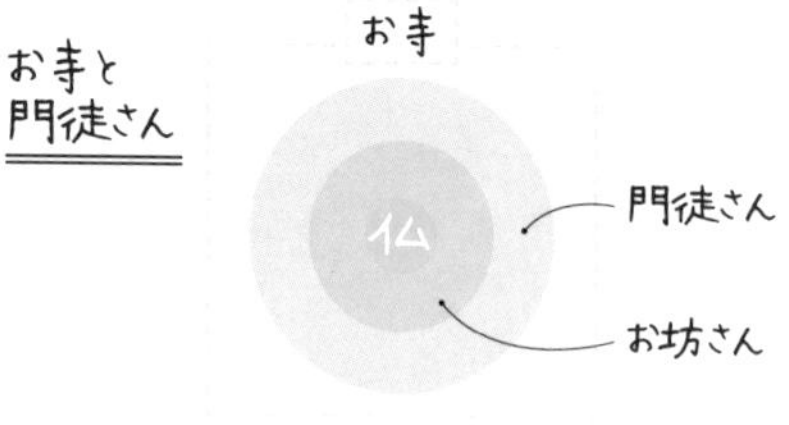

て「末寺（まつじ）」と呼ばれます。法律上の言葉では本山は包括宗教団体、末寺は被包括宗教団体。浄土真宗本願寺派の場合は、京都の西本願寺が本山で、永明寺などその他のお寺は末寺です。

法律上は対等の立場ですが、宗教上は支配と服従の関係です。

ただし、この関係の程度は宗派によってまちまち。コンビニのフランチャイズのように主従関係が強い宗派もあれば、商工会議所と中小企業のような関係性の宗派もあります。

浄土真宗は、どちらかというと前者でしょうか。

私は、**本山というのは、日本でいちばん「懐の深い場所」だと思っています。**出先機関である私たち末寺は一生懸命に人を集めて教えを伝えます。そのために門戸を開き、多くの人を受け入れます。

しかし、さらに深い教えを求める門徒さんについては、本山に参ることを勧めています。本山を参拝すると、みなさん必ず感動して帰ってきます。

本山は、どんな方にも自信をもってお勧めできる場所です。

本山と末寺

本山

お寺　お寺　お寺　お寺

末寺

地区のネットワーク

お弔いのお勤め

亡き人の「死」を通じて、私たちが「生」を考える儀式

「死」を縁として私たちが教えを聞く

お弔いの儀式も、お坊さんの仕事です。葬儀などは宗派や地域でやり方が異なります。たとえば浄土真宗では、仏事は私が仏の教えに出遇う（であう）ご縁で、葬儀なども亡き人の「死」を縁として生きている私たちが教えを聞かせていただく場と考えます。ここでは一例として私が浄土真宗の僧侶として、門徒さんにご説明している仏事の意味をお話しします。

「うちとは違うなぁ」と思われたら、おつき合いのあるお寺に尋ねてみてください。それぞれ意味があっておもしろいですよ。

臨終勤行…亡くなった人がこの世で行う最後のお勤め

亡くなって最初に行われる「臨終勤行」。ご遺体の枕元でお経をあげるので他宗では「枕経（まくらぎょう）」と呼びますが、浄土真宗では、臨終勤行と呼びます。

多くの他宗では、亡くなった故人のためにお経をあげます。しかし、**浄土真宗の仏事は、すべて生きている私たちが故人の死を縁として勤めるものです。臨終勤行も「故人の人生の終わりに臨むお勤め」として受け止めます。**

故人が行う娑婆の世界（この世）での最後のお勤めを、お坊さんが故人に代わって勤めます。ご遺族は、お坊さんの背中に故人の姿を重ね、ともに最後のお勤めをしていただきます。

法名…仏道の先輩から後輩へ贈る名前

法名（ほうみょう）（戒名）は仏門に入る際にいただく仏弟子（ぶつでし）としての名前です。浄土真宗では、入門で戒を授けないため、法名（法は仏の教え）と呼びま

豆知識

他宗の戒名とは？

仏教徒として守らねばならない規範を「戒」といいます。他宗では、「戒」を守ることを誓う授戒（受戒）の儀式を経て仏弟子となり、戒名を授かります。

死後にもらう戒名は、生前に受戒しなかった故人を仏弟子にするためのもので、他宗の葬儀は僧侶が戒を授ける授戒の意味もあります。

親鸞聖人は、戒を守れない凡夫こそ極楽浄土に往生できると説いているため、授戒は行われません。

す。先に仏道を歩くものが、あとに来る人へ願いとともに贈る名です。

よく戒名料や戒名の格づけなどが話題になりますが、**そもそも法名は金銭で買う「商品」ではありません。また、仏教は人を格づけするような教えではないため、その人の価値を表すものでもありません。**極楽浄土での新たな道の第一歩を踏み出す支えとなるものだと思います。

通夜…夜を通し、仏の教えを味わう時間

通夜は、お釈迦様が亡くなったときに、悲しむ弟子たちにアニルッダ（→57ページ）とアーナンダ（→59ページ）が説法をし、夜を通したことに由来しているともいわれています。

地域性による慣習が強く影響するため、通夜の過ごし方は土地ごとにまったく違います。一度東京で通夜をしたことがありますが、お経をよんだあとに振り返ったら、親族以外誰もいなくて驚きました。参列者はみんな通夜振る舞い*を食べていたそうです。私の地元の北九州には通夜振る舞いの習慣がないため、びっくりしました。

＊**通夜振る舞い**
親族以外の参列者に食事を振る舞う風習。

豆知識

お坊さんと葬儀社、役割はどう違う？

宗教者と葬儀社の人は、同じ葬儀に携わる人間ですが役割が違います。葬儀社の人は故人の「過去」を、お坊さんは故人の「未来」を語る役割があります。

葬儀の際、葬儀社の司会者が故人の来歴を紹介。これは過去、思い出話です。

一方お坊さんは、故人が今どんな状態で、これからどうな

本来は葬儀・火葬を前にした最後の時間を、仏の教えとともに過ごす時間なので、通夜のお勤めが通夜ではありません。夜を通して故人がのこしてくれたお釈迦様の教えを味わっていくものです。

葬儀…別れの場ではなく、この先の世界と出遇う場

葬儀も他の仏事と同様に、浄土真宗では故人のために行うものではないと考えます。すべては生きている私たちのためのもの。故人の死を縁として仏縁に出遇う場なのです。

葬儀によって、私たちは故人の死を自分と重ね合わせ、命の無常や儚さに思いをめぐらせます。そして、そんな虚ろな私たちがともに救われていく喜びを味わいます。娑婆（この世）の縁尽きて命終わっても「先に往(い)かれた方と同じ極楽浄土に私も参らせていただく」という、仏の教えを聞く機会なのです。死して終わりではない、死して生かされる世界があることを感じさせていただく「ご縁」の場なので、別れを告げる「告別式」とはいいません。だってまた会える世界があるのですから。

っていき、遺族はどのように生きていくべきか、故人の今、未来、のこされた人のこれからを語るのです。

お坊さんを呼ばない葬儀は、
過去の清算、人生を終わらせるための儀式。
お坊さんが行う葬儀は、死の先にある
これからを始めるための儀式なのです。

初七日…生と死の中間も仏の教えとともに過ごす

葬儀後に7日ごとに法要を行う「中陰参り」の初回が初七日。この後、二七日、三七日……と7回続きます。中陰は中有ともいい、生と死の中間のことです。多くの宗派ではご遺族が故人のために追善供養＊として法要を勤めます。**しかし、浄土真宗の教えでは、人は臨終後すぐに浄土に参るため、このような考え方をしません。先の葬儀と同じく、これ以降の仏事もすべて仏の教えとともに過ごす期間として受け止めます。**

最近は葬儀のあと、火葬場から斎場に戻り、初七日を行うことが多くなりました。本来は、還骨勤行という遺骨を迎える法要を行うのですが、初七日を前倒しにして還骨勤行と兼ねるようになったものです。

理由は、遺族の都合。**葬式で集まってすぐ7日後に集まるのは大変だからです。**最近はそれすらも省略したいといって、葬儀後その場で初七日を行う「式中初七日」というヘンテコな言葉も生まれています。

浄土真宗の仏事は聞くための仏事です。体裁を整えるためにしなけれ

＊**追善供養**
故人がより良い来世に生きられるよう、遺族がこの世で善行を積むためのお勤め。

豆知識

四有の思想
古代インドには輪廻転生の死生観があり、その死生観のうえに成立した仏教では、魂のあり方を左記の4段階に分けて理解しました。
浄土真宗以外の多くの宗派では、この思想に基づいてお弔いが執り行われます。

ばならない仏事はありません。私は、前述の式中初七日をお願いされたら「無理して形式を整える必要はありませんよ」と申し上げています。

四十九日…故人を失い、変化した環境に適応するための時間

7回目の中陰のお勤めが49日目なので四十九日。**「中陰が満つる」という意味で満中陰と呼びます。**

最近の研究によると人間の脳は、新しい環境に適応するのに約6～8週間という時間が必要だそうです。ちょうど49日くらいです。故人を失い、大きく変化した環境に適応し、新たな一歩を踏み出すのに必要な期間ともいえます。昔の人はそれを肌感覚で知っていたのでしょう。

大切なのは、その悲しみの時間を何とともに過ごすのかです。**親族知人が7日ごとに集まり、悲しみを分かち合いながら、お坊さんから仏の教えを聞く。その教えは、私や故人が救われていく喜びの教えです。**「中陰」の期間とはそのために費やされる時間。49日という「日」ではなく、49日間という「期間」が大事なのです。

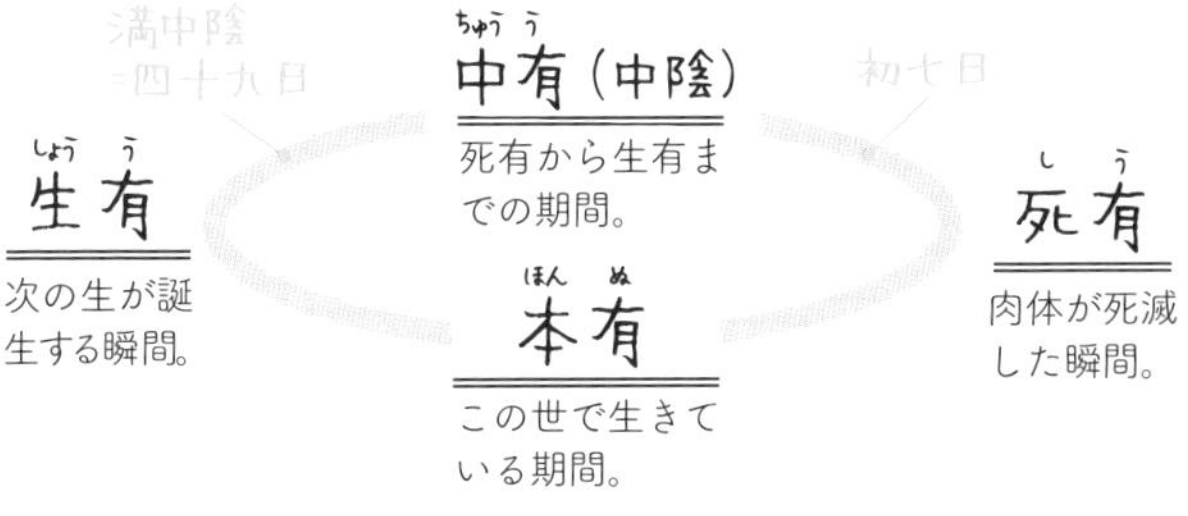

何かと気ぜわしい日常において、私たちは悲しみに沈む時間すら与えられなくなりました。とっとと葬儀を終わらせてすぐに元の日常に戻ることを強いられます。でも、**きちんと時間をかけ、しっかりと悲しむことが、悲しみに沈み込まない方法のひとつなのです。**

埋葬…遺骨の処分を考える場ではない

浄土真宗の開祖である親鸞聖人は「自分の遺体は鴨川（京都にある川）に流して魚のエサにしてしまいなさい」と言いました。**これは遺体を粗末にしなさいという意味ではなく、私たちが手を合わせるべきは仏様であり、遺骨や遺物にしがみついてはいけませんよ、という言葉として受け止めています。**浄土真宗が、阿弥陀様への信仰をもっとも大切にしている表れでもあります。

最近は遺骨をめぐりさまざまなトラブルがあるようですが、その多くは昔からの風習との軋轢（あつれき）によるものです。埋葬は、遺骨の処分ではありません。亡き人の死から、私自身がどう生きるべきかを考える機会です。

死んだ人は、もう死にません。
だから「死」について考えるのは、
生きている私たちの大事な
仕事なんです。

亡くなってからの儀式の流れ

逝去

●臨終勤行

ご遺体を安置する際の儀式。枕元で、僧侶が故人に代わりお経をあげる。他宗では「枕経」という。

臨終勤行の際に、法名や葬儀の日どりを相談することが多いですね。

●通夜

夜を通して朝まで行われていたので通夜と呼ばれる。仏の教えを味わっていく場でもある。

●葬儀

故人の死を縁として、仏縁に出遇う場。いずれ自分たちも極楽浄土に往生するということを知る機会。

葬儀の後、故人と最後の対面をし、出棺。火葬場で荼毘にふします。

●初七日

亡くなってから49日のあいだ（中陰）では7日ごとに忌日が訪れる、初七日はその初回。

最近は火葬後に遺骨を迎える還骨勤行を兼ねることが多くなりました。

●四十九日

7回目の中陰のお勤めで満中陰とも呼ばれる。この期間、しっかり悲しむことが大切。

これ以降、一周忌、三回忌……と年忌法要（→ 197 ページ）に移行します。

●埋葬・納骨

浄土真宗では、埋葬・納骨の時期を義務づけていない。

亡くなったあとの仏事も仏様との縁を感じる場

仏壇…極楽浄土をわが家に迎えることができる

浄土真宗では、先祖はすでに仏様に成っていると考えるため、追善を目的とした故人の供養はしません。この前提を踏まえ、話を聞いてください。

ご家庭にある仏壇はミニ本堂といったところでしょうか。**本山（西本願寺）の内陣***を小さくして再現したものが各末寺（永明寺など）の内陣で、それをさらに家庭サイズに小さくしたものが家庭の仏壇です。**

お寺の内陣は極楽浄土を表したものです。仏壇もまた極楽浄土を表しています。浄土真宗では金色に輝く極楽浄土にちなんで、伝統的に金仏

＊**内陣**
仏様を安置する場所（➡181ページ）。

仏壇にまつられている仏具の意味 ～浄土真宗本願寺派の一例

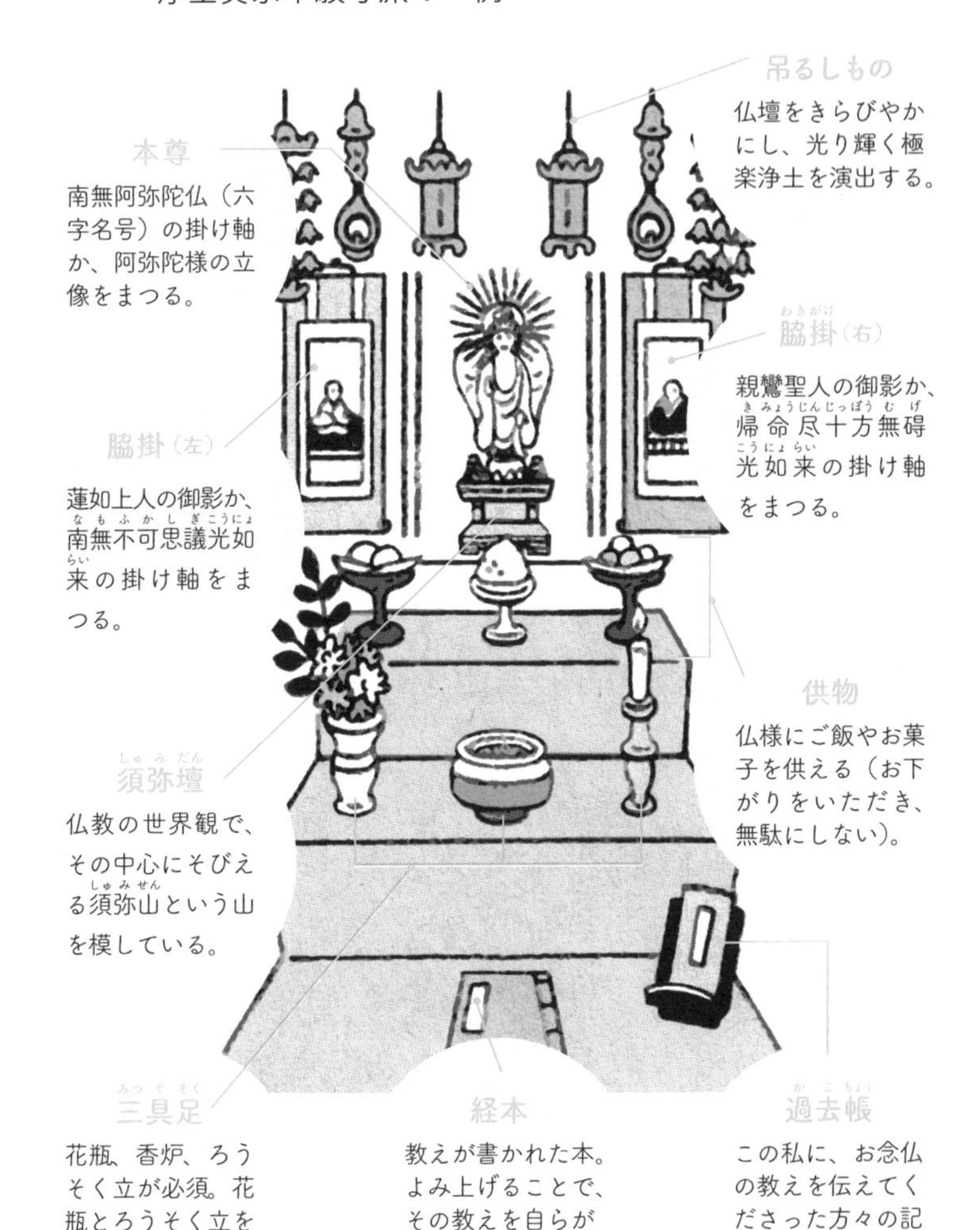

吊るしもの
仏壇をきらびやかにし、光り輝く極楽浄土を演出する。
本尊
南無阿弥陀仏（六字名号）の掛け軸か、阿弥陀様の立像をまつる。
脇掛（右）
親鸞聖人の御影か、帰命尽十方無碍光如来の掛け軸をまつる。
脇掛（左）
蓮如上人の御影か、南無不可思議光如来の掛け軸をまつる。
供物
仏様にご飯やお菓子を供える（お下がりをいただき、無駄にしない）。
須弥壇
仏教の世界観で、その中心にそびえる須弥山という山を模している。
三具足
花瓶、香炉、ろうそく立が必須。花瓶とろうそく立を追加した五具足も。
経本
教えが書かれた本。よみ上げることで、その教えを自らが聞く。
過去帳
この私に、お念仏の教えを伝えてくださった方々の記録帳。

壇が用いられてきました。浄土真宗の仏壇*がキンキラキンなのは拝金主義ではなく、教義に由来しているのです。

仏壇が家にあると、極楽浄土をつねに身近に感じられます。仏壇を迎えると、ただの住居が、仏様の教えを伝える「道場」になります。日ごろ、生きている私たちが手を合わせるところなので、人が亡くなってから用意するものではなく、生前から用意しておくものです。

昔のお嫁さんは舅姑には言えない愚痴を仏壇の前でこぼしたとか。他人の愚痴には意見したくなるものですが、**阿弥陀様は「ああしろ、こうしろ、ここを正せ」とは言いません。黙って聞いてくれます。**そんな心のゴミまで受け止めてくれるのも仏壇です。

墓…墓参りは仏縁を結ぶチャンス

浄土真宗の墓の竿石（さおいし）*には、家名ではなく、「南無阿弥陀仏」と刻む風習があります。**これは墓が遺骨置き場ではなく、阿弥陀様との縁に出遇う場所だからです。**お寺の納骨堂に遺骨を納めるのも、故人の体の一部

＊**浄土真宗の仏壇**
仏壇には、漆と金箔が施された塗仏壇と木目をいかした唐木仏壇がある。関東では唐木仏壇が主流だが、浄土真宗の場合は全国的に塗仏壇を用いる傾向がある。

＊**竿石**
墓標となる、墓の真ん中に設置する墓石。

をよすがとして、お寺に参って仏様の前に座る「縁」をいただく意味があります。**墓の掃除も仏縁を結ぶ場を大切にする行いなのです。**

年忌法要…変化する私たちが変わらぬ教えに出遇う

四十九日（↓191ページ）以降は、亡くなった方の命日に法要を行います。浄土真宗では、すでに故人は仏となっており、追善供養（↓190ページ）は必要ありません。また、私たち自身にも、追善供養ができるような力はないと考えています。

仏事は、同じことをくり返しますが、故人が亡くなってすぐに聞くお経、遺骨を抱いて聞くお経、1年後に聞くお経、2年後に聞くお経……。**同じお経でも、そのときに置かれている自分の状況も、体調も、気分も違うのですから。受け止め方が違います。**

そのときに聞く教えは、そのときだけのもの。ですから、時間の経過もまた重要です。**変わりゆく私たちが、変わらない教えに出遇うのです。**

私は、仏事はタイミングも、大切だと思っています。

豆知識

命日の数え方

故人が亡くなった日を命日といいます。毎月の命日（1日に亡くなったら、毎月1日）は月命日（月忌）。同月同日を祥月命日（しょうつきめいにち）。1年目の祥月命日を一周忌、2年目を三回忌、6年目を七回忌……と続きます。

2年目が三回忌となり、数字がズレるのは、臨終の日を1回目の命日と考えるため。2年経つと、3回命日を迎えるから三回忌。数え年の名残なのです。

お布施の意味

お寺のお金は、未来の人が、仏縁に出遇うために使われる

坊主丸儲けなんてとんでもない誤解

お坊さんがお金の話をすると嫌われるのですが、大切なことなのであえてお話しします。

世間では「坊主丸儲け」と言われますが、この丸儲けというのは、仏事には元手がかからないため収入がすべて儲けになるということなのでしょう。しかし、お寺を維持するのにはとてもお金がかかります。

たとえば本堂は、経年劣化しますから、決まった年数ごとに手を入れます。仮に50年ごとだとします（実際にはもっと短期間ですが）。本堂

は一般の住宅よりもはるかに広く特殊で、改修に費用がかかります。仮に2億円とします（実際はもっとかかりますが）。2億円を50年で貯めようとすると、年間400万ずつ貯蓄していかなければなりません。

これだけの年間繰越金を捻出できるお寺は、全国でもわずかです。**そのため住職の代替わりや、開基[*]の周年行事の際に、寄付を募り改修費用にあてるわけです。**2億円を100軒の門徒さんで割ると1軒あたり200万円。200軒の門徒さんなら100万円。門徒さんが多ければ多いほど1軒あたりの負担額は少なくなります。300軒以上の門徒さんが支えるお寺は、全国的にもほんのわずかです。そもそも100万円という金額を出してくださる方はそういません。お寺は、何かが大ヒットして収入が激増するということはありません。**お寺はお金を貯め込むのが当たり前。貯めておかないと大変なことになるのです。**

自力で経済活動をした結果「生臭坊主」なんて……

たしかに、日本のお坊さんは世界の仏教徒からするとかなり俗っぽい

*開基
寺院を創立した僧侶。

豆知識

お坊さんは税金を払わない？

「坊さんは税金を払わないでしょ」と言われることがあります。たしかに宗教法人であるお寺は税制上優遇されています。

しかし、そこから給料をもらうお坊さんは、みなさんと同じように税金を払っているのです。

お寺という組織とお坊さんという個人とは別。お坊さんは、日本の社会のなかではいちサラリーマンなのです。

生活をしていますが、それは経済活動を強いられているためです。

私の知り合いのベトナムのお坊さんは、経済活動とは無縁の生活をしています。俗世から離れた、世間が抱くイメージ通りの僧侶生活。その代わり**信者さんたちがお坊さんの衣食住を一生涯保証します。そうすることが信者さんたちの信仰なのです。信者さんの庇護のもと、お坊さんもお坊さんらしい生活をし、その功徳を信者さんに分け与えています。**

日本のお坊さんはそのような環境を与えられていません。自力で経済活動をします。多くのお坊さんは、自らが求める仏道と、仏門の維持のための活動とのはざまで、揺れ動きながら生きているのです。

次世代に仏教をプレゼントするために力を貸して

お寺に財を寄付することを「布施（ふせ）*」といいます。仏事への対価だと思っている人も多いでしょう。しかし布施は布施行という修行のひとつ。代金ではないのです。

それでも、目の前のお坊さんにお金を差し出すと、支払っているよう

***布施**
本来は布施波羅蜜（ふせはらみつ）。六波羅蜜という修行のひとつ。

六波羅蜜
波羅蜜とは、悟りに至ること、またそのための修行の方法を指す。六波羅蜜とは悟りに至るための6つの修行。

◀**布施波羅蜜**
執着せずに自分の持ち物を他者に投げ出す。

◀**持戒波羅蜜（じかいはらみつ）**
仏教徒としての戒律を守ろうとする。

な感覚になりがちです。そこで**私は「未来の人たち、私たちの子孫へのプレゼントだと考えてみてはどうですか」と申し上げています。**

お布施は、お寺の維持管理に使われます。未来の人たちが、このお寺で仏縁に出遇えるように。その場を守るために、財産の一部を無理のない程度にお寺に布施として与える、と考えてもらうのです。

ただし、**目の前のお坊さんが私利私欲に走らないことが前提ですから、お坊さん選び、お寺選びは重要です。**実際にお金儲けが大好きなお坊さんもいますから、「このお坊さんなら大丈夫」と見抜く目が必要になります。

現代人の消費動機はコスパ、つまり費用対効果です。少ない投資でいかにして最大限の恩恵を受けられるかを考えます。お布施という行為は、そんな消費行動にはなじまないのかもしれません。しかしながら今あるお寺だって、昔生きた誰かの支えによって維持されてきたのです。

「どうか次世代にこの素晴らしい教えをのこすために、力を貸してください」私はこんな思いで、門徒さんたちにお布施のお願いをしています。

◀**忍辱波羅蜜**（にんにくはらみつ）
お互い様の精神で他人からの迷惑を許す。

◀**精進波羅蜜**（しょうじんはらみつ）
欲を捨てた状態で、前向きに努力する。

◀**禅定波羅蜜**（ぜんじょうはらみつ）
注意を集中させて、心を一定に保つ。

◀**智慧波羅蜜**
仏様の智慧を働かせ、布施から禅定までと取り組むことで、六波羅蜜が完成する。

お寺の可能性

社会参加する日本のお坊さん。普段使いのお寺を目指して

世俗との関わりが強く、社会貢献活動に積極的

元来のお坊さんは世俗から離れ、一切の生産活動を行わず、他人からの施しによって生きていました。「究極のニート」こそが出家者です。

しかし、時代が移るにつれて社会と交わるようになり、社会性を無視することはできなくなりました。とくに日本のお坊さんは世俗との関わりが強い。**世界的に見ても日本ほどお坊さんが社会に関心をもち、福祉や社会貢献活動をしている国はないそうです。**

お坊さんの社会活動はお寺の生きのこりという危機感があるのかもし

私の活動❶

病棟での傾聴

某病院の緩和ケア病棟で、患者さんやご家族のお話を聞く活動に関わっています。海外では宗教者（チャプレン）が病院に常駐することは珍しくないのですが、日本はまだまだなのです。

その病院のスタッフの方々が中心となり「お寺で縁起でもない話をしよう会」も行っています（→79ページ）。

れません。社会から必要とされない組織は社会から見放されます。少しでもお役に立ち、お寺を継続させようという思惑もないとはいえません。
そもそも宗教法人が、医療法人や学校法人と同じように税制上で優遇されているのは、公共性や公益性を認められているためです。人の生活を支える事業を、行政に代わって担う代わりに税制が優遇されます。そのため、現代のお寺に社会性は不可欠なのです。しかし、社会的活動を行うお坊さんの多くは、そういった理由からだけでなく、心から人々が平和で安心して暮らしていける社会を実現したい、という慈悲に基づいた信念で活動されている方がほとんどです。

お寺は全国で7万軒以上あり、これはコンビニの数を上回ります。**多くの寺院には広い空間があり、従事する者たちは時間的な余裕があります。こんなに空間的、時間的余裕のある施設はお寺くらいでしょう。**

全国のお寺が宗派を超えて結束したら、大きな影響力をもつことは間違いありません。この力が、社会問題を解決する方向に動いたとしたら……。お寺はそんな可能性を秘めているのです。

私の活動❷

フードドライブ

「もったいないをありがとうに」

食べられるのに廃棄されてしまう食品を、必要とする人に渡し、フードロスを抑制するフードバンクへの食品提供を行っています。

提供する食品を回収する活動をフードドライブといいます。

永明寺では、春秋の両彼岸、お盆の年3回、納骨堂にあがるお供物を仕分け、フードバンクに送っています。

私の仕事は阿弥陀様の前までみなさんを連れてくること

私が考えるお寺とは「縁が生まれる場所」です。仏様との縁、地域との縁、故人との縁、他人との縁……さまざまな縁を永明寺で紡いでいただきたい。遠慮なくお寺を普段使いしてもらいたいと思っています。

永明寺ではお寺独自のイベント活動を行っています。それで門徒さんが増えることはありません。でも、いいのです。私の仕事は、たくさんの人たちにお寺の門をくぐってもらい、阿弥陀様の前まで連れてくることだからです。

あとは阿弥陀様とその方のご縁次第。そこから先は阿弥陀様の仕事です。**お寺の門を閉ざしていたら、阿弥陀様の邪魔をすることになります。できるだけたくさんの人に、縁の糸口をつかんでもらうために、お寺の門を開け放ち、イベントをしています。**

私は阿弥陀様のお手伝いができたらいいなと思っています。みんなに阿弥陀様と縁をもってもらいたい。すべてはそのための活動なのです。

私の活動③

オンライン配信

新型コロナウイルス感染症の拡大によって、お寺で集まることができなくなりました。

そこで、かねてから考えていたオンラインによる法要のオンライン配信を行うようになりました。

また、ユーチューブで「永明寺楽しいお寺チャンネル」を開設し、動画も配信しています。

配信はライブには到底かないませんが、ひとつの手段になると考えています。新しい伝道の形を模索していきます。

お寺に行こう！

おもな仏教年中行事

春

【彼岸会（ひがんえ）】

夕日に向かって合掌

彼岸の風習は日本独自のものです。こちら岸を此岸といい、向こう岸を彼岸と呼びます。此岸は「私たちの世界」、彼岸は「悟りの世界・仏の世界」。この世から仏の世界に渡ることを到彼岸といいます。

春分の日と秋分の日を中日にして前後3日間が彼岸の期間。この時期、阿弥陀様の国、極楽浄土がある真西に太陽が沈みます。仏道を歩み、極楽浄土に向かう自分と夕日を重ねて手を合わせたのでしょう。

【花まつり】

じつはドイツ語起源

お釈迦様の誕生を祝う行事で、4月8日に行われます。灌仏会（かんぶつえ）や降誕会（ごうたんえ）として古くからあったものですが、「花まつり」と呼ばれるようになったのは1916年以降。日比谷公園での誕生日法要を「花まつり」と呼んだのがきっかけです。

じつはこの語源はドイツ。1901年、ドイツ留学中の日本人有志らが開いた法要の名前が「Blumen（花）Fest（まつり）」でした。いまや日本仏教全体が共通して行える法要のひとつです。

永明寺イベント

● シャカフェス

花まつりをより楽しんでもらうべく、音楽ライブや落語、そしてインドつながりということでカレーフェスを開催したりしています。

●お寺マルシェ

地域のお店に声をかけ、境内でマーケットを開催。出店料は無料。出店者のみなさんに設営などを手伝ってもらいます。春と秋の年2回。1回で約1000人が訪れます。

夏

【盂蘭盆会】

夏のお坊さんに施しを

通称「お盆」と呼ばれるのは盂蘭盆会の略称で、中国で成立した盂蘭盆経が起源です。お釈迦様の十大弟子のひとりマハーマウドガリャーヤナ（→52ページ）は身につけた神通力で、自分の死んだ母親が餓鬼道におちたことを知りました。お釈迦様は雨季の修行中の僧侶たちに供物を捧げれば、その功徳で救い出せると助言しました。

近年の研究では、盆は供物を入れる「お盆」だそうです。

お盆はお坊さんを供養する話なのに、現実のお盆ではお坊さんがヒイヒイ働いているのです！

永明寺イベント

●子ども寺子屋

小学生を対象に、夏休みと冬休みの2回、みんなで遊びます。自由研究にも使える陶芸講座や工作などもりだくさん。定員は40名ですが、受付開始から数日でいっぱいになる人気イベントです。

●ベトナム法要

たまたま知り合ったベトナム人の方から、日本にはベトナム人がお参りできるお寺がないと聞き、始まったベトナム人のみなさんのためのお盆の法要です。約300人の方が集まります。法要をきっかけに、ベトナム人コミュニティが生まれ、その後もお寺に遊びにきてくれます。

秋

【彼岸会】（→205ページ）

永明寺イベント

●10月末のお菓子配り

通称「ハッピー法輪」。10月末日に地域の子どもたちにお菓子を配ります。仮装をした子にはお菓子がグレードアップ！

子どもたちの笑顔を見たくてやっています。もちろんハロウィンとは無関係ですよ（笑）。

●お寺マルシェ

冬

【成道会】

悟りを開いた記念日

お釈迦様が悟りを開いた12月8日に由来する法要。曹洞宗では、多くの寺院で「臘八摂心」という8日間にわたり坐り続ける坐禅修行が行われます。これは、お釈迦様が菩提樹の下で瞑想を行い、

通年開催　**寺子屋永明寺**　地域の「教えたい人」と「教わりたい人」をお寺でつなぐ活動。絵手紙に写経、仏教講座、歌の練習、ワイン講座まで。通年、平時に各講座月１回程度で開催しています。

悟りを開いたことを追体験するもの。お釈迦様は明けの明星が輝くときに悟りを開いたといわれています。

そのときと同じ星が、私たちの頭上でも輝いていると考えると胸が熱くなります。

この時期、世間はクリスマスモードに突入します。宗派を超えて結束できるクリスマスを超える何かを個人的に模索しています！

【除夜会（じょやえ）】
感謝を込めて鐘つき

一年を振り返りながら、仏様の教えを聞く除夜。昭和の初めに、上野の寛永寺の鐘つきがラジオ放送されたことで「お寺の鐘つき」が定番化。割と最近なのです。

諸説ありますが１０８回の鐘の回数は、煩悩の数とか。でも鐘をついて煩悩が消えるなんて都合のいいことはありません。一年の感謝と利他の思いをもって参拝してください。

永明寺でも体験型の仏事として（浄土真宗の正式法要ではない）鐘をつきます。住職特製の年越しそばも振る舞うので、私はゆっくり年越しをしたことがありません。

【元旦会（がんたんえ）】
新年改めて、の会

別名修正会（しゅしょうえ）。正月の法会で、宗派によって国家安寧を願ったり、仏様へ感謝したり意義はさまざまですが、新年を迎えるにあたり「改めて」という考えは共通しています。日常的なことに区切りをつけ、自身の行いを点検し、修正する「修正会」とはよくいったものです。

【涅槃会（ねはんえ）】
お釈迦様の命日

お釈迦様が亡くなった2月15日に行われる法会。涅槃とは悟りのこと。煩悩の火が消え（涅槃＝ニルバーナ）、お釈迦様が完全な悟りに入ったことを指します。死は消滅ではなく、仏道の過程。お釈迦様がさらなる高みに至った記念日です。

永明寺イベント

●子ども寺子屋
（→２０６ページ）

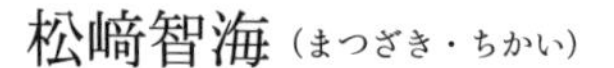

1975年福岡県生まれ。浄土真宗本願寺派永明寺住職。龍谷大学文学部真宗学科卒。2000年札幌龍谷学園に宗教科教諭として赴任。2005年鎮西敬愛学園に宗教科教諭として赴任。2014年に教壇を降り、永明寺に勤務。2016年より永明寺住職を継職し、現在に至る。XやYouTubeなどで積極的に発信を続ける。

●永明寺HP https://eimyouji.jp/　●Xアカウント @matsuzakichikai

参考資料

『見真』本願寺出版社刊
『広説　佛教語大辞典　縮刷版』中村元著、東京書籍刊
『釈尊の生涯』水野弘元著、春秋社刊
『ブッダとは誰か』吹田隆道著、春秋社刊
『みのり』本願寺出版社刊

スタッフ

本文デザイン　工藤亜矢子（OKAPPA DESIGN）
イラスト　さいとうあずみ
校正　滄流社
編集協力　小川ましろ（オフィス201）
編集担当　柳沢裕子（ナツメ出版企画株式会社）

本書に関するお問い合わせは、書名・発行日・該当ページを明記の上、下記のいずれかの方法にてお送りください。電話でのお問い合わせはお受けしておりません。
・ナツメ社webサイトの問い合わせフォーム
https://www.natsume.co.jp/contact
・FAX（03-3291-1305）
・郵送（下記、ナツメ出版企画株式会社宛て）
なお、回答までに日にちをいただく場合があります。正誤のお問い合わせ以外の書籍内容に関する解説・個別の相談は行っておりません。あらかじめご了承ください。

ナツメ社Webサイト
https://www.natsume.co.jp
書籍の最新情報（正誤情報を含む）はナツメ社Webサイトをご覧ください。

だれでもわかる　ゆる仏教入門

2021年2月5日　初版発行
2024年8月10日　第4刷発行

著　者　松﨑智海
発行者　田村正隆

発行所　株式会社ナツメ社
東京都千代田区神田神保町1-52　ナツメ社ビル1F（〒101-0051）
電話　03-3291-1257（代表）　FAX　03-3291-5761
振替　00130-1-58661

制　作　ナツメ出版企画株式会社
東京都千代田区神田神保町1-52　ナツメ社ビル3F（〒101-0051）
電話　03-3295-3921（代表）

印刷所　ラン印刷社

ISBN978-4-8163-6946-9

Printed in Japan